캐릭터와 저작권

캐릭터와 저작권

2017년 3월 15일 초판 1쇄 인쇄
2017년 3월 20일 초판 1쇄 발행

지은이 하병현, 윤용근
발행인 손건
편집기획 김상배, 홍미경
마케팅 이언영
디자인 김선옥
제작 최승용
인쇄 선경프린테크

발행처 LanCom 랭컴
주소 서울시 영등포구 영신로 38길 17
등록번호 제 312-2006-00060호
전화 02) 2634-0178 02) 2636-0895
팩스 02) 2636-0896
홈페이지 www.lancom.co.kr

ISBN 979-11-88112-00-5　　03300

하병현 · 윤용근 지음

캐릭터와 저작권

북스데이
BOOK'S DAY

머리말

요즈음 도심을 돌아다니다 보면 가끔 모바일 메신저 캐릭터 상품들을 판매하는 전용스토어와 마주치게 된다. 필자도 호기심에서 그곳을 방문한 기억이 있다. 불과 얼마 전까지만 해도 캐릭터 상품이라고 해봐야 만화나 애니메이션 등에 등장하는 주인공들을 상품화한 것이 전부였다. 그런데 요즘은 스마트폰을 통해 쉽게 접할 수 있는 모바일 메신저 캐릭터들이 세상 밖으로 나와 캐릭터 시장을 점령하고 있는 추세이다.

이처럼 최근 캐릭터들은 그것을 담아내는 매체들이 너무나도 많고 다양하다. 그래서 요즘 캐릭터들은 어디선가 한 번쯤은 본 듯한 그런 친근감을 느끼게 한다. 그리고 그런 캐릭터들은 자연스레 상품화가 되어 어느새 우리 생활의 일부가 되어 가고 있다.

캐릭터 산업의 발전과 더불어 그것의 법적 보호와 가품들에 대한 대비책 등이 중요한 이슈로 떠오르고 있다. 어떤 캐릭터가 인기를 끌면 순식간에 가품들이 쏟아져 나온다. 게다가 이러한 가품들은 진품과 쉽게 구별되지 않아 구매자인 소비자들이 피해를 보는 것은 물론이고, 캐릭터 저작권자와 상품화권자들의 손해는 이루 말할 수 없을 정도로 심각하다. 물론 이러한 것은 캐릭터 산업만의 문제는 아닐 것이다.

그런데 캐릭터에는 다른 저작물들이 갖고 있지 않은 또 하나의 문제가 있다. 바로 캐릭터의 독자적 저작물성에 관한 것이다. 캐릭터는 여러 종류의 저작물들이 갖는 특징들을 모두 갖고 있다 보니 애니메이션 등에 등장하는 캐릭터를 그 애니메이션 등에서 떼어내서 별개의 독자적 저작물로 보호할 수 있을지가 문제된다. 필자의 사견으로는 현대 사회에서 캐릭터의 위상과 그 보호의 필요성 등을 감안할 때, 저작권법에 캐릭터를 독립된 하나의 저작물로 규정하여 위와 같은 문제를 해결할 필요성이 있다고 생각된다.

필자는 이 책에서 캐릭터와 관련된 여러 다양한 이슈들을 최대한 읽기 편하고 이해하기 쉽게 압축하여 담아보려고 노력했다. 이러한 필자의 마음이 캐릭터 산업 관련자 등, 이 책을 읽는 모든 독자들에게 고스란히 전해질 수 있기를 바란다.

그리고 필자는 이 책을 시작으로 하여 음악저작물과 영화·드라마 등 극적저작물, 미술저작물 등 해당 분야별 책을 차례차례 출간할 예정이다. 독자 여러분의 많은 관심을 부탁드리며, 끝으로 이 책이 나오기까지 도움을 주신 모든 분들과 특히 바쁜 변호사 업무에도 불구하고 이 책을 위해 판례와 자료 검색에 도움을 준 정상경·이선행 변호사에게 깊은 감사의 마음을 전한다.

2016. 12.

여의도 사무실에서 또 한해를 마무리 하며

목차

사건별 목차

핵심만 요약한
저작권법

개 요

이 책에서 다루고자 하는 캐릭터에 관한 저작권 이슈를 본격적으로 살펴보기에 앞서, 먼저 저작권에 관한 전반적인 내용을 알아보고자 한다. 저작권 침해 사건에서는 보통 저작권 침해를 주장하는 사람은 "네 것이 내 것과 똑같거나 비슷하다"라고 주장하고, 상대방은 그 반대로 "내 것은 네 것과 똑같지도 비슷하지도 않다"라고 반박한다.

물론 그런 경우에 어느 한쪽이 틀렸다고 딱 잘라 단정하기 어렵고, 각자의 주장에 나름대로의 논리가 있다 해도 실제 저작권 소송에서는 이렇게 단순한 반박 논리만으로 자신의 주장을 관철시킬 수 없기 때문에 자신의 주장을 뒷받침하는 뚜렷한 근거를 제시할 필요가 있다. 그래서 저작권에 관한 전체적인 개요를 먼저 알 필요가 있는 것이다.

예를 들어보자. 갑은 을이 만든 B 콘텐츠가 자신이 창작한 A 콘텐츠와 똑같거나 비슷하다고 하면서 저작권 침해를 주장하고 있다. 이 경우 을은 갑에게 뭐라고 반박하면 될까? 보통은 앞에서 본 것처럼 "B는 A와 똑같지도 않고 비슷하지도 않다!"라고 주장하게 것이다. 그런데 누가 봐도 B가 A와 똑같거나 실질적으로 비슷하다면 어떻게 해야 할까? 그냥 저작권을 침해했다는 사실을 인정해야 할까? 을의 입장에서는 절대로 인정할 수 없는 상황이라도 입 꾹 다물고 그저 갑이 청구하는 손해배상금액이 많다는 것만 다투어야 할까? 결론부터 말하면 절대로 그렇지 않다!

갑의 저작권을 침해당했다고 주장하기 위해서는, ① 갑이 창작한 A가 저작권법상 보호받을 수 있는 저작물이어야 하고, ② 그 저작권자가 갑이어야 하며, ③ 을이 정당한 권원(행위를 정당화하는 법률적 원인) 없이 A를 보고 A와 똑같거나 실질적으로 비슷한 B를 만들었어야만 한다.

이 세 가지 모두를 충족해야만 비로소 '을은 갑의 저작권을 침해했다'고 할 수 있는 것이다.

그렇다면 이렇게 B가 A와 똑같거나 실질적으로 비슷한 경우에 을은 어떻게 반박할 수 있을까? 을은 크게 세 가지를 주장할 수 있다.

첫째, 갑이 창작했다는 A는 저작물이 아니다.
둘째, A가 저작물이라 하더라도 갑은 저작권자가 아니다.
셋째, A를 보고(의거해서) B를 만든 것이 아니다.

을이 이 세 가지 가운데 어느 하나라도 입증할 수 있으면 을은 갑의 저작권을 침해하지 않은 것이 된다. 따라서 이 세 가지는 저작권 침해 사건에서 방어자가 항상 마음속에 새겨 두고 있어야 하는 가장 기본적인 반박 논리라고 할 수 있다.

｜2｜
저작물

저작물은 '인간의 사상이나 감정을 표현한 창작물'이다.

저작권 침해 사건에서 당사자들이 가장 치열하게 다투는 것이 바로 저작물성에 관한 것이다. 앞에서 예를 든 것처럼 A가 저작물이 아니라면 갑은 A에 대해 저작권을 가지지 못하고, 그렇게 되면 갑은 저작권자가 아니므로 을을 포함한 그 누구에게도 저작권 침해를 주장할 수 없게 된다. 따라서 을은 갑이 만든 A가 저작물이 아니라는 것을 주장하고 입증할 필요가 있다.

저작물은 '인간의 사상이나 감정을 표현한 창작물'이라고 정의된다(저작권법 제2조 제1호). 따라서 저작물이 되기 위해서는 ① 인간이 만들어야 하고 ② 표현되어야 하며 ③ 창작성이 있어야 한다. 저작물이 되기 위해서는 이 세 가지 요건 모두를 충족해야 하기 때문에 이들 요건 가운데 어느 하나라도 흠결이 생기면 저작물이 아니게 된다.

그렇다면 A의 저작물성 여부와 관련된 B의 반박 논리는 정해져 있는 셈이다. 첫째는 A는 인간이 만든 것이 아니라고 주장하는 것이고, 둘째는 A는 표현된 것이 아닌 아이디어에 불과할 뿐이라고 주장하는 것이며, 셋째는 A는 창작성이 없다고 주장하는 것이다.

1 저작물은 **인간**이 만든 것이어야 한다.

저작물은 인간이 만든 것이어야만 한다. 외국에서는 원숭이가 촬영한 셀카 사진이 저작물에 해당하는지 여부가 문제된 경우가 있었지만, 이와 관련하여 크게 이슈가 된 경우는 현재까지 거의 없다. 참고로 그 사건에서 법원은 원숭이 셀카 사진은 인간이 아닌 원숭이가 찍은 것이기 때문에 저작물이 아니라는 판결을 내렸다.

물론 앞으로는 알파고와 같은 인공지능(AI)이 그린 그림이나 문학작품 등이 저작물에 해당하는지 여부가 문제될 가능성도 있다. 그러나 이러한 것들은 아직 현실적으로 크게 문제되는 경우가 없고, 추후 저작권법의 개정 등 보다 심도 있는 논의가 필요한 영역이기 때문에 이 책에서는 이에 관한 추가적인 논의는 생략하기로 한다.

2 저작물은 **표현**되어 있어야 한다.

저작물이 되기 위해서는 표현되어 있어야 한다. 저작권법은 표현된 것만을 그 보호 대상으로 삼고 있기 때문에 표현되지 않은 아이디어는 저작권법상 보호 대상이 아니다. 이를 '아이디어와 표현의 이분론'이라고 하는데 요약하면 '아이디어는 그것이 아무리 독창성이 있어도 저작권법상으로는 보호받지 못한다'는 이론이다. 그래서 다른 사람의 아이디어를 무단으로 빌려 쓰더라도 표현을 베끼는 것이 아니기 때문에 도덕적으로는 문제가 될지언정 저작권 침해에는 해당하지 않게 된다.

예를 들어, 갑이 창작한 캐릭터 A와 을이 만든 캐릭터 B는 모두 머리가 크고 몸이 작은 형상을 하고 있지만 구체적인 디자인은 전혀 다르다고 하자. 이런 경우에 갑이 을에게 저작권 침해를 주장한다면 그 주장의 내용은 A와 B 모두 '머리가 크고 몸이 작다' 는 점이 같다는 것이다.

그런데 캐릭터의 머리가 크고 몸이 작다는 것은 구체적인 표현을 의미하는 것이 아니다. 머리가 크고 몸이 작다고 했을 때, 그것은 단지 머리 비율과 몸의 비율이 정상적인 인간이나 동물의 형상과 다를 뿐 표현하는 사람에 따라 얼마든지 달라질 수 있는 것이어서, 이를 그림으로 표현할 수 있는 방법은 무한대라고 할 수 있기 때문이다.

이처럼 표현되지 않은 관념 등을 아이디어라고 하고, 이러한 아이디어는 그것이 기술적 사상 등으로 특허법상 보호되는 것은 별론으로 하고, 저작권법상으로는 어떠한 경우에도 보호받지 못한다.

3 저작물은 **창작성**이 있어야 한다.

저작물이 되기 위해서는 그것이 창작성 있는 창작물이어
야 한다. 창작물은 '저작자 자신의 작품으로서 남의 것을
베낀 것이 아니면 되고, 그 수준이 높아야 할 필요도 없
다. 다만, 저작권법에 의한 보호를 받을 가치가 있는 정도
로 최소한도의 창작성은 있어야 한다.[1]

그래서 A와 B가 그 표현에 있어서 동일성 또는 실질적 유
사성이 있는 경우라면, 을은 A가 창작물이 아니라고 주장
하는 것 말고는 별다른 방법이 없다. 이런 경우에 을은 어
떤 주장을 할 수 있을까? 크게 네 가지를 주장할 수 있다.

첫째, 그것은 누구라도 그렇게 밖에는 표현할 수 없다.
둘째, 종래부터 이미 존재하던 표현이다.
셋째, 통상적인 표현이다.
넷째, 문구가 짧고 의미가 단순해서 사상이나 감정의 표현
이라고 할 수 없다.

---

[1] 대법원 1997. 11. 25. 선고 97도2227 판결 참조

(1) 누구나 그렇게 표현할 수밖에 없는 것은 창작물이 아니다.

먼저 저작물을 표현할 수 있는 방법이 제한적이어서 누가 하더라도 그렇게 표현할 수밖에 없는 경우라면 그러한 것은 창작물이라고 할 수 없다. 이를 '아이디어와 표현의 합체'라고 한다.

만일 이러한 것을 창작물로 인정해서 그것을 맨 처음 표현한 사람에게 저작권을 부여한다면, 그 후 그것을 그렇게 표현할 수밖에 없는 다른 사람들은 항상 맨 처음 표현한 사람의 저작권을 침해할 수밖에 없게 된다. 또한 누구나 그것을 그렇게 표현할 수밖에 없다면 맨 처음 표현했다고 주장하는 사람 이전에도 다른 누군가가 그것을 똑같이 또는 거의 비슷하게 표현했을 가능성이 상당히 높기 때문에 결국 그것은 누구의 창작물인지 정확하게 가릴 수 없는 경우가 되어버린다. 따라서 이러한 저작물의 경우에는 그것과 똑같거나 거의 비슷하게 표현했더라도 타인의 창작물을 베낀 것이라고 볼 수는 없기 때문에 저작권 침해라고 하지 않는다.

예를 들어, 갑이 디자인한 야구 방망이 A와 을이 디자인한 야구 방망이 B가 서로 똑같거나 거의 비슷하다고 하자. 이런 경우에 만일 갑이 A와 B가 서로 똑같거나 거의 비슷하다는 이유를 들어 저작권 침해라고 주장한다면, 이 경우 을은 뭐라고 해야 할까?

이처럼 외관상으로 볼 때 A와 B가 똑같거나 실질적으로 비슷한 경우에는, 단순히 똑같지 않다거나 실질적으로 비슷하지 않다고 주장하는 것은 아무 소용이 없으니 다른 반박 논리를 찾아야만 한다. 그럴 때 필요한 것이 바로 아이디어와 표현의 합체! A는 이렇게 주장할 수 있다.

"누가 그리더라도 야구 방망이는 그렇게 그릴 수밖에 없다. 그런데 갑이 먼저 야구 방망이를 그렸다고 해서 그것이 창작성이 있는 저작물이 된다면, 그 이후에 야구 방망이를 그리는 사람들은 모두 갑의 저작권을 침해하게 된다는 것인데, 이건 말이 안 된다. 그리고 갑이 그린 야구 방망이와 똑같거나 거의 비슷한 야구방망이 그림은 갑이 A를 그리기 이전에도 많이 있었다."

창작물은 거기에 저작자의 개성과 독창성이 녹아 있어야 한다. 그런데 누가 하더라도 그렇게 표현할 수밖에 없는 경우라면 거기에 그 저작자만의 개성과 독창성이 녹아 있다고 할 수는 없을 것이다. 따라서 이러한 경우는 저작물이 될 수가 없는데, 그 이유는 물론 창작성이 없기 때문이다.

(2) 종래부터 이미 존재한 표현은 창작물이 아니다.

저작권 침해라고 주장되는 부분과 똑같거나 거의 비슷한 표현이 종래부터 이미 존재하고 있는 경우라면, 그것은 저작권 침해를 주장하는 사람의 창작물이라고 할 수 없다. 때문에 이런 경우 누군가 그 표현과 같거나 비슷한 것을 만들었더라도 이를 저작권 침해라고 할 수는 없다. 물론 그 종래 표현의 저작권자가 저작권 침해를 주장한다면 다른 특별한 방어 논리가 없는 한 저작권 침해가 되는 것은 어쩔 수가 없다. 그러나 분명한 건 저작권 침해를 주장하는 사람의 그것이 예전부터 이미 존재하고 있던 표현이라면 그것은 그 사람의 저작물이라고 할 수 없기 때문에 저작권 침해 문제는 발생하지 않게 된다는 것이다.

예를 들어, 갑이 독수리 모양의 풍선 A를 만들었는데, 을이 A와 똑같이 생긴 독수리 모양의 풍선 B를 만들었다고 하자. 이 경우 갑이 저작권 침해를 주장한다면 을은 뭐라고 반박해야 할까?

"독수리 모양의 풍선은 누가 만들어도 그렇게 만들 수밖에 없다!"라고 주장할 수 있을 것이다. 그러나 아무리 독수리 모양을 단순화한 풍선이라고 해도 완전히 똑같은 모양으로 만들었다면 아무래도 설득력이 부족하다. 그렇다면 어떻게 해야 할까?

이런 경우에 가장 좋은 방법은 갑이 만든 독수리 풍선과 똑같거나 거의 비슷한 기존의 독수리 풍선을 찾아내서 갑도 종래부터 존재한 독수리 풍선을 보고 베꼈다고 주장하는 것이다. 만약 을이 똑같은 모양을 가진 기존의 독수리 풍선을 찾아낸다면 갑은 저작권 침해를 주장할 수 없게 된다. 하지만 그런 풍선을 찾지 못한다면 을은 결국 저작권 침해를 피하기 어렵게 될 것이다.

이처럼 저작권 소송에서 저작물성에 관한 주장과 입증은 재판의 승패를 판가름하는 매우 중요한 역할을 한다. 따라서 방어를 하는 사람의 입장에서는 먼저 자신이 어떤 식으로 주장하고 반박해야 하는지 알아야 하고, 자신의 반박을 뒷받침할 수 있는 증거를 찾기 위해 많은 시간과 노력을 들이는 것이 무엇보다 중요하다.

(3) 통상적인 표현은 창작물이 아니다.

저작권이 침해되었다고 주장되는 부분이 통상적인 표현에 불과하다면 그것이 아무리 똑같거나 비슷하더라도 이를 두고 저작권 침해라고 할 수는 없다. 일상생활에서 흔히 쓰이는 표현을 창작물로 볼 수는 없기 때문이다.

예를 들어, 갑이 저작한 희곡 A에 '팩트(fact) 체크하세요!'라는 대사가 나오는데, 을이 저술한 소설에도 위와 같은 문구가 나온다고 하자. '팩트 체크하세요!'라는 말은 '어떤 말이나 문구 등이 사실과 일치하는지 여부를 확인하라'는 의미로 일상생활에서 흔히 쓰이는 표현이다.

따라서 이러한 통상적인 표현을 갑이 자신의 어문저작물(언어나 문자, 말로 표현된 저작물)에 먼저 사용했다고 해서 거기에 저작권이 부여된다면, 그 이후에 그 말을 사용하려고 하는 사람들은 항상 갑의 허락을 받아야 하는 불합리한 상황이 발생하게 된다.

다만, '팩트 체크하세요!'라는 표현이 통상적인 표현에 해당하는지 여부에 관해서는 다른 작품 등에서 그와 똑같거나 비슷한 표현을 찾아 이를 증거로 제출할 필요가 있다. 그러나 이러한 통상적인 표현은 누구나 흔하게 사용하는 말이기 때문에 갑이 희곡 A에 사용하기 이전에 이미 발표된 다른 작품들 속에서 그러한 표현은 쉽게 발견할 수 있을 것이다.

그렇다면 결국 '팩트 체크하세요!'라는 표현은 갑이 창작한 것이 아니게 되고, 그러면 당연히 그것은 갑의 저작물이 아닌 것이고, 따라서 갑은 그 말에 관해 저작권을 가지지 못하게 되므로, 결과적으로 을은 갑의 저작권을 침해하지 않게 되는 것이다.

(4) 문구가 짧고 의미도 단순한 제목 등은 창작물이 아니다.

문구가 짧고 의미도 단순한 것은 거기에 어떤 보호할 만한 독창성이 있다고 할 수 없으므로 창작물로 보기 어렵다. 특히 제목의 경우, 법원은 일관되게 "제목 자체는 저작물의 표지에 불과하고 독립된 사상이나 감정의 창작적 표현이라고 보기 어렵다"는 이유로 그것의 창작물성을 부정하고 있다.[2]

2ne1의 〈내가 제일 잘나가〉와 삼양식품의 〈내가 제일 잘나가사끼 짬뽕〉 사건에서도 법원은 "대중가요의 제목인 〈내가 제일 잘 나가〉는 '내가 인기를 많이 얻거나 사회적으로 성공하였다' 는 단순한 내용을 표현한 것으로써, 그 문구가 짧고 의미도 단순하여 창작성이 없고, 비록 노래에 '내가 제일 잘나가' 라는 가사가 반복해서 나온다고 해도 그것만으로 저작물로 보호되는 것은 아니다"라고 판시함으로써, 대중가요 제목의 저작물성을 부정했다.[3]

---

2)   대법원 1977. 7. 12. 선고 77다90 판결
3)   서울중앙지방법원 2012. 7. 23.자 2012카합996 결정

저작권

1 저작권의 발생 시기

누군가의 작품이 저작권법상 저작물에 해당한다면, 그 저작물에 관한 저작권은 그것을 만든 사람이 가지게 된다. 그리고 이러한 저작권은 그 발생 시기와 관련하여 다른 지적재산권인 특허권, 상표권, 디자인권과는 확연한 차이가 있다. 특허권 등은 그것이 등록될 때 권리가 발생하는 반면, 저작권은 그 등록 여부와는 상관없이 해당 저작물이 창작될 때 발생한다.

물론 저작권법에도 저작권 등록에 관한 규정을 두고는 있다. 그러나 이러한 저작권 등록은 그 등록으로 저작권을 발생시키는 효력이 있는 것이 아니라, 저작권 발생에 관한 확인적인 의미만을 가질 뿐이다. 그렇다고 해서 저작권 등록이 아무 의미가 없는 것은 아니다. 저작권법은 저작권 등록자에게 해당 저작물의 저작자로 추정하는 효력을 부여하고 있고, 저작권 침해에 따른 손해배상청구를 할 때는 법정손해배상을 청구할 수 있는 근거를 마련해 주는 역할을 하기도 한다.

2 저작권의 종류와 침해 주장 시 유의점

저작권은 크게 저작재산권과 저작인격권으로 구성되어 있다. 그리고 저작재산권에는 '복제권, 공연권, 공중송신권, 배포권, 전시권, 대여권, 2차적저작물작성권'이 있고, 저작인격권에는 '공표권, 성명표시권, 동일성유지권'이 있다. 이처럼 저작권은 총 10가지의 권리로 구성된 권리의 다발인 셈이다.

저작권은 학문적인 개념이기 때문에 소송 등에서 저작권 침해를 주장할 때에는 저작재산권 가운데 어떤 권리가 침해되었고, 저작인격권 가운데 어떤 권리가 침해되었는지를 명확하게 특정해야 한다. 즉, "……를 무단으로 사용함으로써, ……의 저작권을 침해하였습니다"라고 주장하는 것은 적절하지 않고, "……를 무단으로 사용함으로써, 저작재산권 가운데 OO권, OO권을, 저작인격권 가운데 OO권, OO권을 각각 침해하였습니다"라고 주장해야 한다.

특히 저작권 침해에 따른 손해배상청구 소송에서는 각 권리별로 그 침해에 따른 손해배상액을 청구하는 것이 원칙이기 때문에 더더욱 침해된 권리를 특정하는 것이 중요하다. 만약 이러한 손해배상청구 소송에서 단순히 저작권 침해만을 주장하게 되면 대개는 법원으로부터 침해된 권리의 특정을 요구받게 된다.

일반인들의 경우에는 대부분 저작권법에 대해 잘 모르기 때문에 저작재산권 침해에 따른 손해배상만을 청구하는 경우가 많다. 그러나 저작재산권 침해 문제가 발생했다면 대개는 저작인격권도 침해되었을 가능성이 높기 때문에 그에 따른 손해배상 청구도 함께 하는 것을 잊지 않도록 해야 한다.

저작재산권과 저작인격권 가운데 양도가 가능한 것은 재산권에 해당하는 저작재산권에 한한다. 저작인격권은 말 그대로 인격권이기 때문에 이를 제3자에게 양도할 수 없다. 이런 이유에서 저작권법에서도 저작권의 양도가 아닌 저작재산권의 양도라고 규정하고 있다.

그래서 저작물을 창작한 사람 즉, 저작자는 생존하고 있는 동안에는 언제나 저작권자가 된다. 저작권은 저작물의 창작과 동시에 발생하므로 저작자는 저작물을 창작할 때 그 저작물에 관한 저작재산권과 저작인격권 모두를 가지게 된다. 저작자가 그 저작권을 제3자에게 양도하더라도 양도가 되는 것은 저작재산권에 국한되기 때문에 저작인격권은 여전히 저작자에게 남아 있게 되고, 저작인격권은 저작권의 한 종류이기 때문에 저작자는 언제나 저작권자가 되는 것이다. 심지어 저작자가 저작인격권을 제3자에게 양도한다는 의사표시를 하더라도 이러한 약정은 무효가 된다.

저작재산권 양도와 관련하여 또 하나 주의할 것이 있다. 저작권법은 저작재산권 전부를 양도하더라도 그 가운데 2차적저작물작성권을 양도한다는 것을 당사자가 특별히 약정하지 않으면 2차적저작물작성권은 양도되지 않는 것으로 추정된다(저작권법 제45조 제2항).

따라서 저작재산권을 양도 받는 입장에서는 2차적저작물작성권도 함께 양수한다는 점을 콕 찍어서 서면에 남겨둘 필요가 있다. 즉, 서면에 '양도인은 위 저작물에 대한 저작재산권 전부를 양수인에게 양도한다' 라고만 기재하거나 특별한 언급 없이 구두로 저작재산권을 양도하는 경우에는 2차적저작물작성권은 양도되지 않은 것으로 추정되기 때문에, '양도인은 위 저작물에 대한 저작재산권 전부와 2차적저작물작성권 모두를 양수인에게 양도한다' 라고 명확하게 써두어야만 2차적저작물작성권을 포함한 저작재산권 전부를 양수받게 되는 것이다.

반대로 저작재산권 양도인의 입장에서는 구체적인 언급 없이 저작재산권을 양도했거나 서면 상에 '양도인은 위 저작

물에 대한 저작재산권 전부를 양수인에게 양도한다' 라고
만 기재했다면 저작재산권 가운데 2차적저작물작성권은
자신에게 여전히 남아 있는 것으로 추정 받게 된다. 그러
나 이는 어디까지나 추정에 불과하기 때문에 양수인이 2차
적저작물작성권을 포함한 저작재산권 전부를 양수하였다
는 점을 정황 증거 등을 통해 입증한다면 그 추정은 깨지
게 되고, 그렇게 되면 결국 양수인이 2차적저작물작성권을
포함한 저작재산권 전부를 양수하였음이 인정된다.

소설 A를 저술한 갑은 출판사를 운영하고 있다. 어느 날
을이 찾아와서, 갑이 저작권을 가지고 있는 소설 A의 저
작권을 양도할 것을 갑에게 제안했다. 갑은 어차피 잘 팔
리지도 않는 소설책이어서 흔쾌히 그 제안을 받아들였다.
을은 그날 바로 대금을 지급하고 갑으로부터 소설 A의 저
작권을 양수했다. 저작권 양도 계약은 구두로 이루어졌고
2차적저작물작성권 양도에 관한 어떠한 언급도 없었다.

이런 경우에는 원칙적으로 갑이 소설 A에 대해 가지는 2
차적저작물작성권은 양도되지 않은 것으로 추정되기 때문

에 소설 A에 대한 2차적저작물작성권은 여전히 갑이 보유하고 있는 것으로 추정된다.

이에 반해, 만일 B가 저작권 양도 계약을 체결할 때, 영화를 만들기 위해 소설 A의 저작권을 양수받는 것이라고 말하면서 갑에게 영화 제작사 대표 명함을 건넸다면 얘기는 달라진다. 비록 갑과 을이 저작권 양도 계약을 구두로 체결했고, 명시적으로 소설 A에 관한 2차적저작물작성권을 양도 및 양수한다는 언급을 하지는 않았더라도, 을은 갑에게 소설 A를 가지고 2차적저작물인 영화를 제작하고 싶다는 얘기를 했고, 영화제작사 대표라는 직함이 기재된 명함을 건넸다면, 갑의 입장에서는 을이 소설 A를 영화화할 것이라는 점을 충분히 알 수 있었다고 볼 수 있기 때문이다. 그렇다면 결국 갑은 묵시적으로 소설 A에 대해 자신이 갖고 있던 2차적저작물작성권까지 을에게 양도한 것으로 봐야 한다. 따라서 갑이 만약에 소설 A에 관해 가지는 2차적저작물작성권은 양도되지 않은 것으로 추정된다고 주장한다면, 을은 위와 같은 사정을 들어 그러한 추정을 깰 수 있을 것이다.

4 저작재산권의 보호 기간

(1) 일반적인 저작물의 경우

저작물은 영구히 보호되는 것이 아니라, 일정 기간이 지나면 더 이상 보호되지 않는다. 즉, 저작물은 저작재산권의 보호 기간 동안만 보호가 되고, 그 이후에는 누구나 그 저작물을 자유롭게 이용할 수 있도록 공중의 영역(Public Domain)에 놓이게 된다.

현행 저작권법상 일반 저작물의 저작재산권은 저작자가 생존하고 있는 동안에는 계속 존속하고, 저작자가 사망한 이후에도 추가적으로 70년간 더 존속한다. 이와는 달리 업무상저작물과 영상저작물의 저작재산권은 공표한 때부터 70년간 존속한다. 여기서 일반 저작물의 저작재산권의 보호 기간과 관련된 70년의 기산일은 저작자가 사망한 다음 해의 1월 1일이고, 업무상저작물과 영상저작물의 그것은 공표한 다음 해의 1월 1일이다.

따라서 일반 저작물이 그 저작재산권 보호 기간이 지났는지 여부를 확인하기 위해서는 그 저작물과 관련된 몇 가지 정보가 필요하다. 그러한 정보는 간단하게는 해당 저작물의 저작자가 누구인지, 그 저작자가 언제 사망하였는지, 그리고 저작재산권 보호 기간의 연혁은 어떻게 되는지에 관한 것이다. 이를 통해 현재 시점에서 해당 저작물의 보호 기간이 지났는지 여부를 확인할 수 있다.

여기서 저작자와 그 저작자의 사망일은 사실적인 정보에 해당하지만 저작재산권 보호 기간의 연혁은 법령에 해당하는 것이고 다소 복잡한 면이 있기 때문에 이에 대해 간단히 살펴보기로 하자.

1957년 제정 저작권법에서는 일반 저작물의 저작재산권은 저작자가 생존하고 있는 동안 존속하고, 저작자가 사망한 후에도 30년간 존속하도록 규정하고 있었다.

1987년 저작권법에서는 일반 저작물의 저작재산권을 저작자 생존 기간 동안 그리고 사후 50년간 존속하도록 개정하면서 그 보호 기간을 연장했다. 다만, 부칙에서는 1987년 저작권법이 시행되던 1987. 7. 1. 이전에 1957년 저작권법에 따른 저작재산권 보호 기간이 이미 지난 저작물은 더 이상 보호되지 않는 것으로 정했고, 이와 함께 1987년 저작권법 시행 전에 공표된 '연주·가창·연출·음반 또는 녹음필름'(1957년 당시 저작권으로 보호되었음)과 사진 및 영화는 계속해서 1957년 저작권법의 적용을 받도록 정했다.

2011년 저작권법에서는 일반 저작물의 저작재산권을 저작자 생존 기간 동안 그리고 사후 70년간 존속하도록 개정하면서 그 보호 기간을 연장했고, 이 경우에도 부칙에서는 2011년 저작권법이 시행되던 2013. 7. 1. 이전에 1987년 저작권법에 따른 저작재산권 보호 기간이 이미 지난 저작물은 더 이상 보호되지 않는 것으로 정했다.

예를 들어 A저작물[4]을 저작한 저작자 갑은 1956년에, B저작물을 저작한 저작자 을은 1957년에, C 저작물을 저작한 병은 1962년에, D 저작물을 저작한 정은 1963년에 각각 사망했다고 하자.

갑은 1956년에 사망했으므로 A 저작물의 저작재산권은 1957년 저작권법에 따라 사후 30년간 존속하게 된다. 때문에 A 저작물은 갑이 사망한 다음 해 1월 1일부터 30년이 되는 1986년 12월 31일에 그 저작재산권 보호 기간이 만료되었고, 그 만료시점은 1987년 저작권법이 시행된 1987년 7월 1일 이전이다. 이런 경우는 부칙에 의해 1987년 저작권법에 의한 저작재산권 보호 기간 연장 대상에 해당하지 않게 되어 결국 A 저작물은 저작재산권 보호 기간이 경과되어 공중의 영역에 놓이게 된다. 따라서 현재 시점에서는 누구나 A 저작물을 자유롭게 이용할 수 있다.

1957년에 사망한 을의 경우에는 1957년 저작권법에 따라 B 저작물의 저작재산권은 사후 30년간 존속한다. 그러나 사후 30년이 되는 1987년 12월 31일 이전에 1987년 저작권법이 시행되었으므로, 부칙에 따라 B 저작물은 1987년

---

4) 1987년 저작권법의 부칙 제2조에서 1987년 저작권법 시행 전에 공표된 연주·가창·연출·음반 또는 녹음필름과 사진 및 영화에 대해서는 1957년 저작권법을 계속 적용하도록 한 점을 감안하여, 여기서 예를 드는 저작물은 연주·가창·연출·음반 또는 녹음필름과 사진 및 영화가 아닌 그 외의 저작물로 상정한다.

저작권법에 따라 그 보호 기간이 사후 50년으로 연장되어, 결국 B 저작물의 저작재산권의 보호 기간은 2007년 12월 31일까지가 된다. 그러나 현재 시점에서 볼 때 그 보호 기간은 이미 만료가 된 상태이므로, B 저작물 또한 누구나 이를 자유롭게 이용할 수 있다.

1962년에 사망한 병의 경우, C저작물의 저작재산권은 1957년 저작권법에 따라 사후 30년간 존속하지만, 사후 30년이 되는 1987년 12월 31일 이전에 1987년 저작권법이 시행되었으므로 1987년 저작권법에 따라 그 보호 기간이 사후 50년으로 연장되어 C 저작물의 저작재산권 보호 기간은 2012년 12월 31일까지가 된다. 2011년 저작권법 개정으로 일반 저작재산권 보호 기간이 70년으로 연장되었지만, C 저작물의 저작재산권은 그 시행일인 2013년 7월 1일 이전에 그 보호 기간이 만료되었다. 이런 경우는 부칙에 따라 2011년 저작권법에 의한 저작재산권 보호 기간 연장 대상에 해당하지 않게 되어 C 저작물은 저작재산권 보호 기간이 경과되어 공중의 영역에 놓이게 된다. 따라서 현재 시점에서는 누구나 C 저작물을 자유롭게 이용할 수 있다.

1963년에 사망한 정의 경우에는 1957년 저작권법에 따라 D 저작물의 저작재산권은 사후 30년간 존속하지만, 사후 30년이 되는 1987년 12월 31일 이전에 1987년 저작권법이 시행되었으므로, 1987년 저작권법에 따라 그 보호 기간이 사후 50년으로 연장되어 2013년 12월 31일까지가 된다. 그리고 다시 2011년 저작권법 개정으로 일반 저작재산권 보호 기간이 70년으로 연장되었고, 그 시행일이 2013년 7월 1일이기 때문에 부칙에 따라 D 저작물의 저작재산권 보호 기간은 2033년 12월 31일까지가 된다. 따라서 D 저작물은 현재까지도 그 보호 기간 중에 있으므로, 저작권자의 허락 없이는 무단으로 D 저작물을 이용할 수 없다.

(2) 업무상저작물 및 영상저작물의 경우

업무상저작물과 영상저작물의 저작재산권 보호 기간은 일반 저작물과는 달리 저작자를 기준으로 하는 것이 아니라, 해당 저작물의 공표 시기를 기준으로 한다. 즉, 현행 저작권상 업무상저작물 또는 영상저작물의 저작재산권은 그것이 공표된 다음 해의 1월 1일부터 70년간 존속한다.

이 점을 제외하면 업무상저작물과 영상저작물의 저작재산권 보호 기간 산정 방식은 앞서 본 일반 저작물의 그것과 다를 것이 없다.

업무상저작물과 영상저작물의 경우에는 법인 또는 단체가 저작권을 가지고 있는 경우가 많은데, 해당 법인 또는 단체가 해산되어 그 권리가 〈민법〉과 그 밖의 법률 규정에 따라 국가에 귀속되는 경우에는 저작재산권이 소멸하게 된다(저작권법 제49조). 따라서 업무상저작물과 영상저작물의 경우에는 그 저작재산권 보호 기간이 경과되지 않더라도 이를 자유롭게 이용할 수 있는 경우가 있다는 점도 기억해 둘 필요가 있다.

(3) 외국인 저작물의 경우

외국인 저작물의 저작재산권 보호 기간은 그 연혁이 국내 저작물보다 더 복잡하다. 이 책에서는 간단하게만 소개하도록 하겠다.

1957년 제정 저작권법은 외국인의 저작물에 대하여 조약에 규정이 없는 경우에는 국내에서 처음으로 그 저작물을 발행한 외국인에 한하여 보호하도록 규정하고 있었다. 그러나 당시에 우리나라는 외국인의 저작물 보호에 관한 어떠한 조약에도 가입한 적이 없었기 때문에 외국인의 저작물은 국내에서 최초로 발행된 것에 한하여 보호되었다.

그 후 우리나라가 가입 또는 체결한 조약에 따라 외국인 저작물을 보호하도록 한 1987년 저작권법 시행과 함께 우리나라는 세계저작권협약 등에 가입하였고, 이에 따라 외국인 저작물이 보호를 받을 수 있게 되었다. 그러나 그 개정법이 시행되던 1987년 7월 1일 이후 창작된 외국인 저작물만 보호 대상이 되었다. 즉, 1987년 7월 1일 이전에 창작된 외국인 저작물은 여전히 보호 대상이 아니었다.

그러다가 1996년 저작권법은 Trips 협정 체결에 따라 베른협약을 받아들이면서 1987년 7월 1일 이전에 창작된 외국인 저작물도 소급해서 보호 받게 되었다.

이에 따라 현행 저작권법은 우리나라가 가입 또는 체결한 조약과 상호주의에 따라 외국인 저작물을 보호하고 있다. 우리나라에서 외국인 저작물은 외국인 저작물과 관련된 국가의 저작권법상의 저작재산권 보호 기간과는 무관하게 우리 저작권법의 저작재산권 보호 기간 동안만 보호된다.

따라서 앞서 본 국내 저작물의 저작재산권 보호 기간 산정 방식과 동일한 방식으로 외국인 저작물의 저작재산권 보호 기간을 산정하면 된다.

저작(권)자

1 창작자 원칙

저작물을 창작한 사람을 '저작자'라고 하고(저작권법 제2조 제2호), 저작권은 저작물을 창작한 때부터 발생한다(저작권법 제10조 제2항). 따라서 저작자는 저작물을 창작한 바로 그 순간에 저작권을 가지게 되고, 그 저작물의 저작권자가 된다. 이를 '창작자 원칙'이라고 한다. 창작자 원칙은 저작권법을 관통하는 가장 중요한 원칙이다

그리고 저작권 가운데 저작재산권은 양도가 가능하기 때문에 저작재산권을 양도받은 사람 역시 저작권자가 될 수 있다.

2 저작자와 저작권자의 개념과 그 구별

이와 같이 저작자와 저작권자의 개념에는 약간 차이가 있
다. 저작자는 저작물을 창작한 사람만을 가리키기 때문
에 저작권을 양도받은 사람은 저작권자인 것이지 저작자
는 아니다. 그러나 저작자는 언제나 저작자인 동시에 저작
권자가 된다. 왜냐하면 저작자는 저작물을 창작하는 순
간 저작권을 가지게 되고 그와 같이 발생한 저작권을 제3
자에게 양도하더라도 저작재산권만 양도되기 때문에 여전
히 저작인격권은 저작자에게 남아 있게 된다. 어떠한 경우
에도 저작자는 저작인격권자가 되기 때문에 그런 의미에서
저작자는 항상 저작권자가 되는 것이다.

3 작품 소장자와의 구별

작품 소장자는 저작(권)자와는 전혀 다른 개념이다. 작품
소장자는 원칙적으로 해당 작품의 소유권만을 가지기 때
문에 저작권과 관련된 어떠한 권리도 가지고 있지 않다.
따라서 해당 작품을 임의로 복제하는 등의 행위를 하는

경우에는 해당 작품 저작권자의 저작권을 침해하는 것이 된다. 다만, 미술저작물 등의 경우에는 작품 소장자가 그 저작권자의 동의 없이도 전시는 할 수 있다.

그렇다고 하더라도 가로·공원·건축물의 외벽 그 밖에 공중에게 개방된 장소에 늘 전시하는 경우에는 해당 미술저작물 저작권자의 동의를 받아야만 한다(저작권법 제35조 제1항).

4 업무상저작물의 저작자

창작자 원칙은 저작물을 창작한 저작자가 저작권을 가진다는 원칙이고, 이것이 저작권법을 관통하는 대원칙이다. 그런데 이러한 창작자 원칙의 유일한 예외가 있다. 바로 업무상저작물의 저작자이다. 업무상저작물의 저작자에 관한 법리는 쉽게 말해 저작물을 창작한 자가 아니라고 해도 일정한 요건을 갖춘 경우에는 창작자가 아닌 법인 등을 저작자 즉, 창작자로 보는 것을 의미한다. 이는 단순한 저작권자가 아닌 저작자로 인정하는 것이다. 따라서 업무상저작물의 저작자는 저작재산권뿐만 아니라 저작인격권도 가지게 된다.

업무상저작물의 저작자가 되기 위해서는 크게 두 가지 요건을 충족해야 한다. 하나는 관련된 저작물이 업무상저작물이어야 한다는 것이고, 다른 하나는 업무상저작물임을 전제로 하여 그것이 법인 등의 명의로 공표될 것, 그리고 법인 등과 실제 창작한 자 사이에 저작자에 관한 별도의 다른 정함이 없어야 한다는 것이다.

먼저 업무상저작물에 관해서 살펴보면, 업무상저작물이란 '법인·단체, 그 밖의 사용자의 기획 하에 법인 등의 업무에 종사하는 자가 업무상 작성하는 저작물을 말한다'(저작권법 제2조 제31호). 업무상저작물은 통상적으로는 고용 관계에 있는 상태에서 그 피고용자가 업무를 보는 과정에서 창작하는 저작물을 의미하는 것이지만, 반드시 그런 것도 아니다. 비록 고용 관계는 아니더라도 법인 등이 실질적으로 지휘·감독하는 관계에서 그 지휘·감독을 받는 자가 만드는 저작물이라면 이 또한 업무상저작물이 될 수 있다.

그러나 이런 경우에는 업무상저작물보다는 공동저작물로 인정될 가능성이 더 높다. 왜냐하면 법인 등이 저작물의 창작을 외주업체에 외주를 주고 그 법인 등이 실제 그 저작물의 창작에 일부 기여를 하는 경우가 있을 수 있는데, 이러한 경우라도 기본적으로는 창작자 원칙에 따라 해당 저작물의 창작에 기여한 자는 저작자가 되는 것이므로 그 저작물은 외주를 준 법인 등과 외주업체의 공동저작물이 되어 법인 등은 공동저작자 가운데 하나가 될 여지가 훨씬 더 높기 때문이다.

한편, 어떤 저작물이 업무상저작물이라고 하더라도 법인 등이 항상 업무상저작물의 저작자가 되는 것은 아니다. 법인 등이 업무상저작물의 저작자가 되기 위해서는 앞서 본 바와 같이 그 업무상저작물이 법인 등의 명의로 공표되는 것이어야 하고, 법인 등과 실제 창작한 자 사이에 그 저작물의 저작자를 실제 창작한 자로 한다는 등의 별도의 다른 정함이 없어야만 하기 때문이다.

개정 전의 저작권법에는 법인 등의 명의로 '공표된' 이라고 규정되어 있었다. 그래서 법인 등의 명의로 '공표된' 업무상저작물에 대해서는 법인 등이 업무상저작물의 저작자가 되는 것이 분명했지만, 업무상저작물이라 해도 법인 등의 명의로 공표되지 않고 남아 있는 업무상저작물은 창작자 원칙에 따라 실제 창작자가 저작자가 되는 것인지 아니면 이런 경우에도 여전히 법인 등이 업무상저작물 저작자가 되는 것인지 여부에 관해 다툼이 있었다.

그러나 그 후 저작권법은 위 '공표된'을 '공표되는'으로 개정하면서 법인 등의 명의로 공표될 예정에 있는 모든 업무상저작물에 대해서까지 그 저작자를 법인 등이 될 수 있도록 하였다. 따라서 비록 법인 등의 명의로 공표되지 않고 남아 있는 업무상저작물이라고 하더라도 그것이 애초에 법인 등의 명의로 공표될 예정에 있었던 것이라면 이제는 그 모두가 그 법인 등이 그것의 저작자가 되는 것이다.

현실적으로는 업무상저작물의 저작자에 관해서 법인 등이 별도의 정함을 하는 경우는 없다고 보아도 과언이 아니다. 따라서 법인 등이 업무상저작물의 저작자가 되기 위한 요건으로서 '별도의 정함이 없을 것'이라는 요건이 문제되는 경우는 거의 없다.

그러나 필자가 맡았던 저작권 소송 가운데에서 이러한 것이 문제된 경우가 있었다. 캐릭터에 관한 저작권 침해 사건이었는데, 그 캐릭터는 업무상저작물이었고 해당 법인의 명의로 공표되었기 때문에 누가 봐도 그 캐릭터의 저작자는 그 법인이라는 것이 분명했다. 그런데 그 캐릭터를 실제로 창작한 해당 법인의 직원이 캐릭터의 저작권은 자신에게 있고 소송의 상대방이 자신이 저작권을 가지고 있는 캐릭터의 저작권을 침해했다는 이유로 침해금지가처분 신청을 한 것이다.

그 사건에서 법원은 그 캐릭터는 업무상저작물이고 해당 법인의 명의로 공표되었기 때문에 해당 법인이 그 캐릭터의 저작자이자 저작권자가 된다는 이유로, 저작권자가 아닌 신청인의 가처분 신청을 기각하였다.

필자의 입장에서는 사실 당연한 결과였다. 그런데 해당 사건에 관한 본안소송(원고의 청구 또는 상소인의 불복주장에 대한 판단을 하는 판결)을 하는 동안 해당 법인의 사실확인서가 증거로 제출되었다.

그 사실확인서의 내용은 해당 법인과 실제 창작한 직원 사이에 그 캐릭터를 창작한 직원을 저작자로 하는 별도의 정함이 있었다는 취지의 것이었다. 요즘 흔히 하는 말로 멘붕이었다. 필자는 업무상저작물의 저작자가 되기 위한 요건 가운데 '별도의 정함이 없을 것'이라는 요건과 관련된 정말 흔치 않은 실제 사례를 경험한 것이다.

5

저작권 침해

1 저작권 침해의 요건

일반적으로 저작권 침해가 인정되기 위해서는
① 저작권 침해를 주장하는 사람의 저작물이 저작권법에
의해 보호받을만한 창작성이 있어야 하고,
② 상대방이 그 저작물에 의거하여 이용하여야 하며,
③ 저작권 침해를 주장하는 사람의 저작물과 그 상대방의
저작물 사이에 실질적 유사성이 있어야 한다.

위 세 가지 요건 가운데 ①은 이미 저작물에 관한 부분에
서 충분히 설명했기 때문에 여기서는 ②와 ③에 관해서
만 살펴보도록 하겠다. 흔히 ②를 의거성이라고 하고, ③
을 실질적 유사성이라고 한다. 그런데 사실은 ①의 저작물

성에 관한 것은 독자적으로 판단되기 보다는 ③의 실질적 유사성을 판단할 때 동원되는 법리라고 보는 것이 맞을 것이다.

왜냐하면 저작권 침해를 주장하는 사람(이하 '저작권 침해 주장자'라고 함)의 저작물 전체가 저작물성이 없는 경우는 흔하지 않고, 그의 저작물의 일부와 상대방(이하 '상대방' 또는 '저작권 침해 방어자'라고 함) 저작물의 일부가 실질적으로 비슷하다고 주장하는 경우가 대부분이기 때문이다. 그러다보니 결국 실질적 유사성을 판단할 때는 저작권 침해 주장자의 저작물 가운데 침해 주장 부분(이하 '침해 주장 부분'이라고 함)이 저작물성이 있는지 여부를 가려서 저작물성이 있는 경우에만 비교 대상으로 삼고, 저작물성이 없는 경우에는 애초에 비교 대상에서 제외시키게 된다.

이와 같이 저작물성에 관한 판단은 실질적 유사성을 판단할 때 함께 이루어지는 경우가 대부분이기 때문에 저작권 침해 여부의 판단은 결국 의거성과 실질적 유사성 여부를 판단하는 것이라고 해도 틀린 말은 아니다.

저작권이 침해되었다고 하기 위해서는 의거성과 실질적 유사성이라는 두 가지 요건을 동시에 만족해야 한다. 따라서 의거성이 없다면 양 저작물이 아무리 실질적으로 비슷하다 해도 저작권 침해가 아닌 것이고, 의거성이 인정된다 해도 양 저작물이 실질적으로 비슷하지 않다면 이 또한 저작권 침해에는 해당하지 않게 된다.

2 의거성(남의 것을 보고 하는 것)

의거성이란 쉽게 말하면 남의 저작물을 '보고 하는 것'을 의미한다. 저작권 침해 사건에서 이러한 의거성은 저작권 침해 주장자가 주장·입증해야 하는 부분이다. 그런데 아무리 저작권 침해 주장자라 해도 자신의 저작물을 상대방이 언제 어디서 어떻게 보고 했는지는 정확히 알 도리가 없다. 그래서 법원에서는 여러 가지 법리를 통해 의거성을 추정하고 있다.

저작권 침해 주장자의 저작물이 상대방의 저작물보다 먼저 공표된 경우에는 상대방이 저작권 침해 주장자의 저작물에 접근해서 그 저작물을 보았을 가능성 즉, 접근 가능성이 있다. 그래서 이러한 경우 법원은 의거성이 있다고 추정하고 있다.

그런데 상대방이 저작물을 창작할 당시 저작권 침해 주장자의 저작물이 공표된 적이 없다면 위와 같은 접근 가능성에 관한 법리로는 의거성을 추정할 수가 없게 된다. 그래서 이런 경우에는 다른 법리로 의거성을 추정하게 된다. 양 저작물을 비교해서 상대방의 저작물이 저작권 침해 주장자의 저작물과 뚜렷하게 비슷하다면 이는 상대방이 저작권 침해 주장자의 저작물을 보았을 가능성이 상당히 높다고 보아, 이러한 경우에도 법원은 의거성이 있다고 추정하는 것이다.

이러한 접근 가능성과 현저한 유사성 법리에 따라 의거성 여부를 추정한 결과, 의거성이 없다는 판단이 내려져서 저작권 침해가 인정되지 않은 사건이 있었다. 바로 드라마 〈선덕여왕〉 사건이다.

뮤지컬 〈무궁화의 여왕 선덕〉 측에서는 mbc 드라마 〈선덕여왕〉이 〈무궁화의 여왕 선덕〉을 표절했다는 이유로 저작권 침해를 주장했다.

대법원은 위 뮤지컬은 공연이 된 적이 없었기 때문에 mbc 측에서 그 뮤지컬에 접근할 가능성이 없었다는 점과, 양 저작물을 비교해 보더라도 현저하게 비슷한 것은 아니라는 점을 들어, 드라마 〈선덕여왕〉이 뮤지컬 〈무궁화의 여왕 선덕〉에 의거해서 만들어진 것이라고 볼 수는 없다고 의거성을 부정하였다. 결국 이 사건은 의거성이 없었기 때문에 실질적 유사성 여부를 따져볼 필요도 없이 저작권 침해가 아니게 된 것이다.

접근 가능성과 현저한 유사성 말고도 의거성이 추정되는 경우는 양 저작물에 '공통의 오류'가 있는 경우이다. 즉, 저작권 침해 주장자의 저작물에 있는 오류와 동일한 오류가 상대방의 저작물에 있는 경우에도 의거성이 있다고 추정된다.

2 실질적 유사성

의거성이 인정된다고 해서 곧바로 저작권 침해가 되는 것은 아니다. 의거성은 다른 사람의 저작물을 보고 저작물을 만들었다는 것에 불과한 것이지, 반드시 그 저작물과 실질적으로 비슷하다는 것을 의미하는 것은 아니기 때문이다. 남의 것을 참고해서 전혀 다른 저작물을 만들 수도 있는 것이다. 따라서 저작권 침해가 되기 위해서는 남의 저작물을 보고 했다는 것만으로는 부족하고 남의 저작물과 실질적으로 비슷하게 만들어야만 하는 것이다.

앞에서 실질적 유사성 여부를 판단할 때, 저작물성 여부도 함께 판단하는 것이 대부분이라고 언급했었다. 이는 실질적 유사성 판단 방법과도 그 맥을 같이 한다. 저작권 침해 방어자의 입장에서는 양 저작물이 실질적으로 비슷하지 않다고 반박해야 한다. 그러나 누가 봐도 양 저작물이 뚜렷하게 비슷한 경우에는 먼저 저작권 침해 주장자의 침해 관련 부분이 애초에 저작물성이 없다고 반박하는 것이 가장 유효한 방어 전략이 될 것이다. 따라서 저작권 침해 방어자는 저작권 침해 주장자의 침해 관련 부분이 앞서 살펴본 저작물의 개념에 해당하는 표현이 아니라거나 창작성이 없다는 점을 주장하고 입증해야 할 것이다.

이러한 저작권 침해 방어자의 반박에 타당성이 있다면, 결국 저작권 침해 주장자의 침해 관련 부분에서 저작물성이 없는 부분은 실질적 유사성 판단의 대상에서 제외된다. 이와 같이 실질적 유사성을 판단할 때는 저작권 침해 주장자의 침해 관련 부분 모두가 비교 대상이 되는 것이 아니라, 그 가운데 저작물성이 인정되지 않는 부분을 제외한 나머지 부분만을 가지고 저작권 침해 방어자의 해당 부분과 비교하게 되는 것이다.

A 저작물을 창작한 저작자 갑은 을이 A 저작물 내용 가운데 a1, a2, a3, a4, a5를 표절하여 B 저작물 가운데 b1, b2, b3, b4, b5을 만들었다는 이유로 저작권 침해를 주장했다. 이러한 갑의 주장에 대해 을은 a1은 아이디어에 해당하는 것이고, a2는 종래에 이미 존재하던 표현이며, a3는 통상적인 표현에 해당하므로 저작물이 아니라고 반박

하였다. 만약 이러한 을의 반박이 타당하다면, 결국 이 사안에서는 a4, a5와 b4, b5에 대해서만 실질적 유사성을 판단하게 되는 것이다. 그렇게 되면 을은 b4, b5와 a4, a5를 비교해서 그것들이 실질적으로 비슷하지 않다는 점에 대해서만 반박하면 되는 것이다.

3 이용 허락과 저작권 침해

저작권자로부터 저작물 이용에 관한 허락을 받아서 저작물을 이용한다면 원칙적으로는 문제될 것이 없다. 그런데 이러한 경우에도 아주 가끔은 저작권 침해 여부가 논란이 되는 경우가 있다. 이용 허락의 범위를 넘어서 이용하는 경우이다. 이런 경우 단순한 계약 위반에 불과한 것인지 아니면 저작권 침해인지가 문제 된다.

저작권자인 갑은 을에게 자신의 저작물 A를 복제해서 서울에서만 배포하도록 허락했는데, 을은 서울뿐만 아니라 부산에도 배포했다. 이 경우 을의 행위는 단순한 계약 위반일까 아니면 갑의 복제권 및 배포권을 침해한 것일까?

을의 입장에서는 지역적 제한은 있지만 갑으로부터 저작물 A를 복제하여 배포하는 것에 대해 허락을 받은 상태이고 또한 그 이용 허락 기간 동안에 한 일이기 때문에 단순한 계약 위반이라고 주장할 수 있다. 반면, 갑의 입장에서는 을에게 그의 저작물 A를 부산에 배포하는 것에 대해서는 허락하지 않았으므로 계약 위반은 물론이고, 을이 무단으로 저작물 A를 복제하여 배포한 것에 해당하기 때문에 을은 저작물 A에 관한 갑의 저작재산권 가운데 복제권과 배포권을 침해한 것이라고 주장할 수 있다.

이와 관련된 판례나 문헌 등이 없어서 이런 경우에 과연 저작권 침해에 해당하는지 여부는 명확하지 않다. 다만, 이용 허락의 범위를 넘어선 이용이 저작권 침해인지 여부는 구체적 상황에 따라 판단하되, 이용 허락 기간 후의 이용 또는 최소한 저작재산권의 유형별 관점에서 이용이 허락되지 않은 유형의 저작재산권의 이용이 있는 경우, 예를 들어, 저작물을 오프라인에서 복제·배포하는 것만 허락했는데, 이를 인터넷 등 온라인에서 전송하는 등의 경우는 저작권 침해라고 보는 것이 타당할 것이다.

한편, 이용 허락의 범위를 넘어선 이용이 저작권법 위반에 해당한다는 판례가 있어 소개해 보고자 한다.

이미지 판매 회사로부터 해당 이미지를 구입한 회사는 이미지 판매 회사의 약관 등에 의해 해당 이미지를 1회에 한해서만 이용할 수 있음에도 이를 초과하여 이용했다. 이 사안에서 법원은 이를 저작권법 위반이라고 판시했다(울산지방법원 2012. 12. 28. 2010노170 판결).

이처럼 이용 허락을 넘어선 이용이 단순한 계약 위반인지 아니면 저작권 침해에 해당하는지 여부에 관해서는 명확한 기준이 없을 뿐만 아니라, 법원은 위 판례에서처럼 계약 위반으로 볼 여지도 있는 사안에서 저작권 침해를 인정했기 때문에, 저작물 이용자의 입장에서는 단순히 이용 허락을 받았다는 이유로 해당 저작물을 임의로 이용해서는 안 되고, 이용 허락을 넘어서 이용할 경우에는 반드시 사전에 저작권자나 이용 허락권자의 동의를 받는 것이 무엇보다도 중요할 것으로 생각된다.

16

공정이용

앞에서 본 것처럼 의거성과 실질적 유사성이 둘 다 존재하게 되면 원칙적으로는 저작권 침해가 된다. 그래서 이런 경우에 저작권 침해 방어자는 손해배상액이 과다하다는 것 말고는 별다르게 다툴 것이 없다. 그러나 이러한 상황이라도 저작권 침해가 아니라고 주장할 여지는 아직 남아있다. 바로 '공정이용' 또는 '저작재산권 제한'(이하 '공정이용'이라고 함)에 관한 주장이다.

저작권법은 비록 겉으로는 타인의 저작권을 침해한 것으로 보이지만, 일정한 경우 저작권자의 저작재산권을 제한함으로써 해당 저작물을 이용할 수 있도록 하는 공정이용에 관한 규정을 두고 있다. 저작권법으로 보호되는 저작물을 제한적으로 이용할 수 있도록 허용하는 개념이다.

공정이용에 관한 규정은 '공표된 저작물의 인용' 등 개별적·구체적 규정 16가지와 '저작물의 공정한 이용'이라는 일반적·보충적 규정으로 구성되어 있다(저작권법 제23조~제35조의3). 저작권법상 공정이용에 관한 규정은 다음과 같다.

- 재판 절차 등에서의 복제(제23조)
- 정치적 연설 등의 이용(제24조)
- 공공저작물의 자유 이용(제24조의2)
- 학교 교육 목적 등에의 이용(제25조)
- 시사 보도를 위한 이용(제26조)
- 시사적인 기사 및 논설의 복제 등(제27조)
- 공표된 저작물의 인용(제28조)
- 영리를 목적으로 하지 아니하는 공연·방송(제29조)
- 사적 이용을 위한 복제(제30조)
- 도서관 등에서의 복제 등(제31조)
- 시험 문제로서의 복제(제32조)
- 시각장애인 등을 위한 복제 등(제33조)
- 청각장애인 등을 위한 복제 등(제33조의2)
- 방송사업자의 일시적 녹음·녹화(제34조)

- 미술저작물 등의 전시 또는 복제(제35조)
- 저작물 이용 과정에서의 일시적 복제(제35조의2)
- 저작물의 공정한 이용(제35조의3)

그러나 현실적으로 저작권 소송 실무에서 법원이 공정이용을 인정하여 저작권 침해가 아니라고 판단한 경우는 극히 드물다. 물론 어떤 공정이용 규정을 주장하느냐에 따라 달라지긴 하겠지만 대체로 법원이 공정이용을 인정한 경우는 그 예를 찾기가 어렵다.

따라서 누가 보더라도 공정이용에 해당하지 않는다고 판단되거나 처음부터 공정이용이라는 의도 하에서 이루어진 경우가 아니라면 굳이 이를 주장할 필요는 없을 것이다. 그러기보다는 오히려 손해배상액의 과다를 다투는 일에 힘을 쏟는 것이 보다 효율적인 방어 전략이 될 것이다.

다만, 저작권법에 공정이용에 관한 규정이 존재한다는 것을 알고 있는 것과 그렇지 못한 것 사이에는 저작권을 대하는 자세에서 벌써 차이가 나는 것이다. 그러므로 어떤 유형의 공정이용 규정이 존재하는지, 그리고 자신의 저작물 창작 행위와 관련지을 수 있는 공정이용 규정으로는 어떤 것이 있는지를 확인하는 것은 분명히 의미 있는 일이라 할 것이다.

7

맺음말

지금까지 저작권에 관한 전체적인 개요를 살펴보았다. 물론 개략적으로만 살펴본 것이어서 저작권에 관한 모든 것이 담겨 있다고 할 수는 없다. 그러나 일반적인 저작권 침해 사건에서 발생할 수 있는 이슈들은 모두 이러한 틀 안에서 움직이고 있다고 해도 과언은 아니다.

따라서 이하에서는 이러한 저작권에 관한 전체적인 개요를 기초로 캐릭터 저작권에 관한 심도 있는 논의를 본격적으로 전개해 나가도록 하겠다.

가품 캐릭터와
손해배상

최근 들어 캐릭터 시장은 그 규모가 연간 수 조 원대에 이른다. 그런 추세이다 보니 새로운 캐릭터 개발을 위한 경쟁은 그 어느 때보다도 치열하다. 스마트폰의 보급으로 애니메이션이나 게임 등에 등장하는 유명 캐릭터들은 스마트폰 안으로 들어와서 인기몰이를 하는가 하면, 그 반대로 유명 모바일 메신저 캐릭터들은 그 인기에 힘입어 스마트폰 밖에서 문구류나 생활용품 전반에 걸친 상품화 사업의 대상이 되고 있고, 심지어 일부 캐릭터들은 전용스토어나 테마파크까지 조성되어 있는 상태다.

이처럼 캐릭터 상품화 사업이 활기를 띠면서 캐릭터 산업은 차세대 산업으로서 엄청난 사회적 관심과 주목을 받고 있다. 그러나 빛이 있는 곳에는 그늘이 따르기 마련, 이에 못지않은 골칫거리도 생겨 나게 되었다. 가품 캐릭터 상품들 때문이다. 더 큰 문제는 캐릭터 권리자가 이런 가품 상품들을 발견해서 가품업자를 상대로 법적 조치를 취하더라도 캐릭터 상품의 특성상 유행을 타는 상품의 경우에는 그 시기를 놓쳐서 또는 손해배상에 관한 입증 문제 때문에 제대로 된 손해배상을 받는 경우가 매우 드물다는 것이다.

보통 가품업자들은 외국 특히 중국에서 가품을 수입하는 경우가 많은데, 가품업자들이 수입을 할 때 저작권 문제가 되는 그 제품만 단독으로 수입하는 것이 아니라 다른 제품들도 함께 수입하고 있고, 더욱이 수입품목 리스트에는 수입품명만 기재되어 있기 때문에 수입하는 상품들이 정확히 어떤 상품인지를 특정할 수가 없는 경우가 대부분이다. 또한 수입한 제품을 국내에서 판매할 때에도 판매증빙을 제대로 갖추지 않고 있거나 갖추고 있다고 해도 그 제품만 판매하는 게 아니기 때문에 해당 가품이 얼마나 팔렸는지 도무지 알 수가 없는 경우가 허다하다.

저작권법은 이러한 손해배상에 관한 입증 문제를 완화하기 위해 '법정손해배상제도'를 신설하였다. 손해배상액 산정과 관련된 엄격한 입증 책임으로 인해 권리자가 저작권 침해에 따른 실손해액을 정확히 산정하기 어렵고 이를 입증하기 위한 증거 등을 제대로 확보할 수 없다는 현실적인 한계를 극복하기 위해, 권리자가 구체적인 손해를 입증하지 않고도 법에서 정한 일정한 금액의 범위 내에서 손해배상을 청구할 수 있도록 하는 제도이다.

이러한 법정손해배상제도의 구체적인 내용은 '저작재산권자 등은 실손해액 등에 갈음하여 저작물당 1천만원(영리를 목적으로 고의로 침해한 경우에는 5천만원) 이하의 범위에서 상당한 금액의 배상을 청구할 수 있다' 는 것이다.

따라서 법원은 이러한 법정손해배상제도의 취지를 충분히 감안하여, 저작권자가 저작권 침해를 이유로 법정손해배상을 청구하는 경우, 손해배상액 산정에 있어서 저작권 침해에 관한 사전 억제적 효과와 침해자의 고의성 여부 등을 고려하여 저작권자가 충분히 납득할 수 있는 손해배상액이 산정될 수 있도록 하여야 할 것이다.

다만, 이러한 법정손해배상제도는 저작권 등의 침해 행위가 일어나기 전에 저작물 등이 등록되어 있을 것을 요건으로 하고 있기 때문에 그 활성화를 위해서는 이에 관한 광범위한 홍보가 뒷받침되어야 할 것이고, 무엇보다도 저작권 실무에서 저작권 보호의 중요성과 이를 구현하기 위한 일환으로 도입된 법정손해배상제도의 입법 취지에 관하여 보다 심도 있는 고민과 연구를 해 나가야만 할 것이다.

한편, 저작권 침해에 대한 또 다른 유형의 손해배상으로서, '징벌적 손해배상제도'의 도입을 생각해 볼 수 있다. 이는 피해자의 권리 내지 법익에 대하여 악의적으로 또는 의도적으로 심각한 침해의 결과가 나타날 것을 뻔히 알면서 불법 행위를 한 경우에 그 가해자를 응징함으로써 앞으로 그와 비슷한 불법 행위를 하지 못하도록 하기 위하여 피해자의 실제 손해에 더하여 특별히 더 많은 책임을 지우게 하는 제도이다.

다만, 징벌적 손해배상제도의 도입은 입법적으로 해결해야 하는 문제인데다가, 위에서 살펴본 법정손해배상제도 또한 징벌적 손해배상제도의 이념을 기초로 한 것인 만큼, 법정손해배상제도의 운영 실태를 앞으로 면밀히 지켜본 후 그 도입 여부를 논하는 것이 바람직할 것으로 생각된다.

캐릭터란
무엇인가?

캐릭터 저작권에 관해 구체적으로 살펴보기에 앞서 캐릭터라는 것이 정확히 무엇인지에 관해 먼저 알 필요가 있다. 보통 우리는 영화나 애니메이션 등에 나오는 등장인물, 특히 눈에 보이는 디자인적인 요소만을 캐릭터라고 생각하는 경향이 있다. 그러나 캐릭터는 '만화, 텔레비전, 영화, 신문, 잡지, 소설, 연극 등 대중매체를 통하여 등장하는 인물, 동물, 물건의 성격, 생김새, 명칭, 도안, 특이한 동작 그리고 더 나아가서 작가나 배우가 부여한 특수한 성격을 묘사한 인물을 포함한 총체적인 아이덴티티'라고 정의된다. 그러므로 캐릭터의 디자인에 해당하는 도안, 즉 우리가 캐릭터라고 생각하는 것은 캐릭터를 구성하는 여러 요소들 가운데 하나에 불과한 것이지 그것과 캐릭터를 완전히 동일시할 수는 없는 것이다.

애니메이션 등에 등장하는 캐릭터는 주로 시각적 표현에 창작적 개성이 드러나긴 하지만, 그것이 오로지 원그림에 해당하는 미술저작물만으로 구성되는 것은 아니고, 다른 창작적 요소 또한 캐릭터의 형성에 중요한 역할을 한다. 따라서 애니메이션 등에 등장하는 캐릭터는 단순히 시각적인 부분만으로 완성되는 것은 아니고, 성격, 말투, 목소리 등도 캐릭터의 구성 요소가 되는 것이다. 때문에 각각의 구성 요소 부분에 창작적인 기여를 한 사람이라면 누구라도 캐릭터의 저작자가 될 수 있는 것이다. 일명 〈뽀로로〉 사건을 보면서 자세히 살펴보자.

〈뽀로로〉 사건[5]

주식회사 오콘(이하 '오콘'이라 함)은 디지털 영상물 제조, 자문 및 공급업 등을 영위하는 회사이고, 주식회사 아이코닉스엔터테인먼트(이하 '아이코닉스'라고 함)는 애니메이션 제작, 수입 및 판매업 등을 영위하는 회사이다.

오콘은 아이코닉스를 상대로 〈뽀롱뽀롱 뽀로로〉에 등장하는 뽀로로, 루피, 크롱, 에디, 포비(이하 '〈뽀로로〉 캐릭터'라고 함)에 관하여 오콘이 단독 저작권을 갖는 것을 확인하는 소송을 제기했다.

---

5) 서울고등법원 2013. 11. 21. 선고 2013나39638 판결

이 사건은 〈뽀로로〉 캐릭터의 시각적인 부분의 창작에 기여한 오콘만 저작자인지 아니면 캐릭터의 성격, 목소리, 말투 등을 형성하는데 기여한 아이코닉스도 저작자가 될 수 있는지가 쟁점이 된 사건이었다.

 오콘의 주장

이 사건에서 오콘은 〈뽀로로〉 캐릭터와 같은 시각적 캐릭터의 특징은 모두 시각적인 생김새에 의하여 표현되어 있고, 캐릭터가 가지는 성격과 같은 요소는 저작권에 의해 보호받을 수 없는 아이디어의 영역에 속한다고 주장했다.

즉, 오콘은 〈뽀로로〉 캐릭터와 같은 시각적 캐릭터는 저작권법상 표현에 해당하는 시각적인 부분만 그 보호의 대상이 되는 것이지, 구체적 표현이라고 할 수 없는 캐릭터의 성격은 단순한 아이디어에 해당하기 때문에 저작권법의 보호대상이 될 수 없으므로, 아이코닉스가 〈뽀로로〉 캐릭터의 성격 형성에 기여했다고 하더라도 〈뽀로로〉 캐릭터의 저작자가 될 수는 없다는 것이다.

법원의 판단

1) 캐릭터의 저작자가 될 수 있는 경우

이에 대해 법원은 "〈뽀로로〉 캐릭터는 애니메이션을 통하여 대중들에게 인식된 것이기 때문에 〈뽀로로〉 캐릭터가 가지는 외형적인 모습뿐만 아니라 말투, 목소리, 동작 등의 요소 역시 〈뽀로로〉 캐릭터를 구성하는 구체적 표현에 해당한다. 그러므로 시각적인 캐릭터는 등장인물에 관한 그림만을 캐릭터로 보아야 한다는 오콘의 주장은 받아들일 수 없다"고 판시했다.

이러한 법원의 판단은 캐릭터의 성격 등도 캐릭터를 구성하는 요소에 해당하는 것이기 때문에 그 창작에 기여한 사람도 캐릭터의 저작자가 될 수 있다는 점을 분명히 한 것이라는 점에서 의미가 크다.

2) 아이코닉스도 〈뽀로로〉 캐릭터의 저작자인지 여부

위와 같은 점을 전제로 법원은 "아이코닉스가 성우를 섭외하여 녹음, 음악 및 음향 효과, 믹싱 작업을 담당한 이상, 아이코닉스가 직접 하지는 않았더라도 아이코닉스의 전체적인 기획과 지휘 아래 이루어진 것이기 때문에 아이코닉스는 〈뽀로로〉 캐릭터의 목소리, 말투 등의 구체적인 표현에 있어서 창작적인 기여를 한 것이다. 그러므로 아이코닉스는 〈뽀로로〉 캐릭터에 관하여 저작권을 가진다"고 판시했다.

법원이 아이코닉스도 〈뽀로로〉 캐릭터의 저작자임을 인정했기 때문에 〈뽀로로〉 캐릭터는 오콘과 아이코닉스의 공동저작물이 되었다. 그래서 〈뽀로로〉 캐릭터에 대해 오콘이 단독 저작권을 가진다는 것을 확인해 달라는 이 사건 소송은 오콘의 패소로 끝이 났다. 그 후에 뽀로로는 아빠가 두 명이라는 재미있는 기사가 나오기도 했다.

캐릭터는 단순히 등장인물의 생김새나 형태 등의 등장인
물에 관한 그림만으로 그 특성들이 모두 형상화되는 것이
아니라, 그것이 가지는 다양한 요소들을 모두 포함하는 총
체적이고 통일적인 개념이기 때문에, 캐릭터의 요소 가운
데 일부 요소(캐릭터의 성격, 말투, 목소리 등)를 분리하여 나머지
요소(생김새, 동작)만으로 구성되는 별개의 캐릭터를 상정할
수는 없는 것이다.

따라서 시각적인 캐릭터라고 해서 캐릭터의 정의가 달라지
는 것은 아니며, 다만, 어떤 행위가 창작적 표현 형식 자체
에 기여했는지, 아니면 단순히 아이디어를 제공한 것에 불
과한지에 따라 저작자 여부가 결정되어야 한다.

그렇다고 해도 〈뽀로로〉 캐릭터와 같이 애니메이션에 등
장하는 캐릭터의 경우에는 아무래도 그 생김새, 동작 등
시각적 표현에 주로 창조적 개성이 드러나기 때문에 시각
적 표현 위주로 캐릭터가 구성된다는 점에 대해서는 절대

로 부정할 수 없다. 그러나 〈뽀로로〉 캐릭터는 오로지 그 원그림에 해당하는 미술저작물만으로 구성된 것이 아니라 다른 창작적 요소 즉, 캐릭터의 성격, 말투, 목소리 등도 캐릭터의 형성에 중요한 역할을 하고 있으므로, 이에 기여한 자도 캐릭터의 공동저작자가 될 수 있다는 것을 인정했다는 점에서 이 판결은 우리에게 시사하는 바가 아주 크다 할 것이다.

이와 같이 캐릭터의 성격적인 부분도 캐릭터를 구성하는 중요한 요소들 가운데 하나이기 때문에 이를 무단으로 변형하여 캐릭터의 이미지를 훼손한다면, 캐릭터 저작자의 저작인격권 가운데 동일성유지권을 침해하는 것이 될 수 있다. 이와 관련된 재미있는 일본 판례가 있다. 이 판례를 보면 동일성유지권 침해라는 것이 어떤 것인지 바로 이해가 될 것이다.

〈도키메키 메모리아루〉 vs 〈도기마기 이메지네이손〉
사건[6]

A회사는 〈도키메키 메모리아루〉라는 게임 저작권을 가지고
있다.

B회사는 〈도키메키 메모리아루〉 게임에 나오는 주요 등장인
물의 도안을 무단으로 이용해 애니메이션 비디오를 제작했다.

A회사는 B회사의 이러한 행위에 대하여 위 주요 등장인물의
도안에 관한 복제권 및 동일성유지권 침해를 주장하면서 손해
배상 등을 청구했다.

6) 동경지방법원 1999. 8. 30. 선고 제15575호

〈도키메키 메모리아루〉 게임은 1994년 5월 27일에 발매된 최초의 전연령 연예시뮬레이션 게임으로 나오자마자 선풍적인 인기몰이를 했던 작품이다.

고등학교에서 3년 동안 수업도 듣고 아르바이트도 하면서 건전하게 이성교제를 하다가 졸업식 날 운동장에 있는 전설의 나무 밑에서 남학생이 여학생으로부터 사랑 고백을 받게 되면 게임이 종료되는 해피 앤딩 게임이다.

게임에 등장하는 주요 인물은 여주인공 후지사키 시오리이다. 이 게임이 워낙 인기를 끌다보니 B회사는 A회사의 허락도 받지 않고 후지사키 시오리를 주인공으로 하는 비디오를 무단으로 만들었다. 특히 비디오에는 졸업식 날 운동장에 있는 전설의 나무 밑에서 남학생과 여학생이 성행위를 하는 장면이 묘사되어 있다.

■ 복제권 침해 여부

당사자들의 주장과 반박

먼저 이 사건에서 A회사는 B회사가 후지사키 시오리의 도안을 무단으로 이용해서 비디오를 제작한 것이므로, B회사는 후지사키 시오리 도안과 관련된 A회사의 복제권을 침해했다고 주장했다. 이에 대해 B회사는 후지사키 시오리의 도안은 기존에 흔히 있는 도안이어서 창작성이 없고, 따라서 저작물이 아니라고 반박했다.

법원의 판단

이와 관련하여 법원은 "후지사키 시오리의 도안은 얼굴, 머리 모양 등의 표현 방법에서 창작성이 있으므로 저작물에 해당하고, 비디오에 등장하는 여고생의 도안은 용모·머리 모양·교복 등의 특징이 후지사키 시오리의 도안과 공통되므로, B회사는 후지사키 시오리의 도안을 복제한 것이다"라고 판시함으로써, B회사의 복제권 침해를 인정했다.

■ 동일성유지권 침해 여부

당사자들의 주장과 반박

다음으로 A회사는 B회사의 비디오에 있는 성행위 장면은 후지사키 시오리 도안의 청순한 이미지를 훼손함으로써 게임을 변형시켰으므로 게임 저작자의 동일성유지권을 침해했다고 주장했다. 이에 대해 B회사는 동일성유지권 침해 유무는 게임과 비디오의 구체적인 도안을 대비함으로써 결정해야 하는 것이고 이미지 손상 여부와는 무관하다고 반박했다.

법원의 판단

이와 관련하여 법원은 "B회사는 비디오에서 후지사키 시오리의 도안을 성행위 하는 모습으로 변형하여, A회사가 가지는 후지사키 시오리의 도안과 관련된 동일성유지권을 침해했다"고 판단했다.

이 사건에서 법원은 후지사키 시오리의 도안과 관련하여 저작재산권 가운데 복제권 침해를 인정했고, 또한 후지사키 시오리 도안과 관련하여 저작인격권 가운데 동일성유지권 침해를 인정했다. 그런데 후지사키 시오리 도안과 관련하여 복제권 침해를 인정하는 것은 쉽게 이해가 되지만, 도안과 관련하여 동일성유지권 침해를 인정한 것은 조금 납득하기가 어렵다.

다만, 법원에서 말하는 도안이 단순한 그림이 아니라 총체적인 아이덴티티로서의 캐릭터를 의미하는 것이라면 이해 못할 바는 아니다. 그렇다면 이 사건에서 법원은 캐릭터의 성격적인 부분을 캐릭터의 구성 요소들 가운데 하나로 인정한다는 전제 하에서, 그 성격적인 부분의 변형을 동일성유지권 침해라고 판단한 것으로 보인다.

이 사건에서 후지사키 시오리의 시각적인 부분을 그대로 베낀 것과 관련해서는 복제권 침해가 인정되었고, 그 성격적인 부분의 변형과 관련해서는 동일성유지권 침해가 인정되었다. 그렇다면 당연히 2차적저작물작성권 침해도 인정될 수 있을 것으로 보이는데, A회사가 2차적저작물작성권 침해에 관해서는 별도 주장을 하지 않았기 때문에 법원에서도 이에 대해 판단하지 않은 것으로 보인다.

만일 이 사건의 법원이 위와 같은 논리로 저작권 침해를 인정한 것이라면, 법원은 먼저 후지사키 시오리 캐릭터를 영상저작물인 게임과는 별개의 독립된 저작물로 인정할 수 있는지에 관해 판단했어야 하는데, 이에 관해서는 특별한 언급을 하고 있지 않다.

이러한 논의가 필요한 이유는 캐릭터를 애니메이션이나 게임 등과는 별개의 독립된 저작물로 인정할 수 있는지 여부에 따라 침해되는 저작물의 종류가 달라질 수 있고 그 저작권자도 달라질 수 있기 때문이다.

캐릭터는 독자적으로
보호받을 수 있는가?

개요

최근에는 TV 광고나 애니메이션 등을 통해 캐릭터를 대중들에게 먼저 선 보인 다음에, 그러한 캐릭터의 고객흡입력을 십분 활용하여 다양한 형태의 상품을 생산·판매하는 방식으로 상품화 사업이 한참 진행되고 있다. 이는 애니메이션 자체로 인한 이익보다 오히려 캐릭터 상품화 사업이 훨씬 더 큰 경제적 이익을 가져오기 때문이고, 이러한 점이 바로 새로운 애니메이션이나 문화 콘텐츠의 개발에 중요한 동인으로 작용하기도 한다.

이러한 이유 때문에 캐릭터는 처음부터 바로 상품화 사업을 통해 대중들에게 다가가기 보다는 애니메이션 등과 같은 다른 매체들을 통해 자연스럽게 대중들에게 접근하는 방식을 취하는 경우가 많다. 그래서 저작권법적인 관점에서 볼 때, 과연 캐릭터가 그것이 등장하는 애니메이션 등과는 별개의 독자적인 저작물로 인정받을 수 있는지가 문제될 수 있다.

얼핏 생각하면 "이러 걸 왜 고민하지? 당연히 캐릭터는 저작물로 인정받을 수 있는 게 아닌가?"라는 의문이 들 수 있다. 그런데 앞서 캐릭터의 정의에서 살펴본 바와 같이, 캐릭터는 도안과 성격 등 여러 가지 요소들이 합쳐진 총체적 아이덴티티를 의미한다. 따라서 캐릭터는 그것의 시각적인 부분만 가지고 이를 캐릭터라고 할 수는 없고, 성격적인 부분 등 다른 요소들이 모든 합쳐졌을 때 비로소 그것을 캐릭터라고 부를 수 있는 것이다.

예를 들어 애니메이션에 등장하는 캐릭터는 등장인물들 사이의 관계 설정과 구체적인 스토리 전개 등을 통해서 하나의 캐릭터가 완성되는 것이기 때문에, 캐릭터를 애니메이션 등과 별도로 분리하여 독자적으로 인정하기는 어렵다는 논의가 있을 수 있다.

⌂ 12 ⌂
캐릭터의 독자적 저작물성을
부정하는 견해

이런 이유로 캐릭터의 독자적 저작물성은 부정되어야 한다는 견해가 있다. 이를 좀 더 저작권법적으로 풀어서 설명해 보면, 시각적인 부분과 성격적인 부분 등으로 구성되어 있는 캐릭터는 애니메이션 등에 전체적으로 녹아 들어가 있기 때문에 이러한 캐릭터는 구체적인 표현이라기보다는 추상적인 개념에 가깝다. 따라서 표현을 보호하는 저작권법상 캐릭터는 보호 대상이 될 수 없다는 것이다.

다만, 캐릭터와 관련된 부분이 저작권법상 전혀 보호받을 수 없다는 것은 아니고, 이에 대해서는 원저작물인 애니메이션 등의 일부로서 보호하면 된다는 입장이다.

3

캐릭터의 독자적 저작물성을
긍정하는 견해

캐릭터의 독자적 저작물성을 긍정하는 견해도 있다. 저작물의 성립 요건인 '표현'은 반드시 구체적인 표현일 필요는 없고, 캐릭터의 경우에는 만화·애니메이션 등을 통해 그것을 전체적으로 감지할 수 있으면 족하다. 이러한 관점에서 볼 때 캐릭터도 표현되어 있는 것이다.

그런데 만약 캐릭터의 독자적 저작물성은 부정하는 견해를 가진 사람들이 주장하는 것처럼 캐릭터를 원저작물의 일부로만 보호한다면 어떻게 될까?

쉬운 예로 애니메이션의 경우를 보자. 애니메이션은 영상저작물이다. 영상저작물의 저작권 침해를 인정 받으려면 구체적인 줄거리 등이 동일하거나 유사해야만 한다.

단지 거기에 등장하는 등장인물의 도안들이 동일하거나 비슷하다는 것만으로는 영상저작물의 저작권이 침해되었다고 할 수 없는 것이다.

그리고 이러한 불합리한 문제는 캐릭터의 독자적 저작물성을 인정해야만 해결된다는 입장이다.

그렇다면 캐릭터의 독자적 저작물성에 관한 우리 법원의 태도는 어떨까? 몇 가지 판례를 통해 독자적 저작물성에 관한 우리 법원의 태도를 살펴보자.

┌4┐
법원의 태도

〈마시마로〉 사건[7]

〈마시마로〉 캐릭터는 원래 유아용 콘텐츠 캐릭터로 만들어졌지만 유아용으로 하기에는 너무 독특해서 거부감을 줄 수 있다는 이유로 다수의 인터넷 콘텐츠 업체로부터 외면당한 후, 〈마시마로 숲 이야기〉라는 플래쉬 애니메이션으로 선풍적인 인기를 끌기 시작했다. 마시마로 측은 〈마시마로〉 캐릭터 상품화 사업을 시작했다.

그러던 중 마시마로 측은, 〈마시마로〉 캐릭터와 비슷한 봉제 인형을 제조·판매하는 A를 발견하고 저작권 침해에 관해 항의했다.

이에 A는 마시마로 측이 만든 마시마로 봉제 인형은 창작성이 없다는 감정서에 기초하여, 마시마로는 저작물에 해당하지 않는다는 저작물부존재확인의 소를 제기했다.

A의 주장

이 사건에서 A는 〈마시마로〉와 같은 캐릭터는 그것이 등장하는 플래쉬 애니메이션의 구체적 표현으로부터 승화된 등장인물의 총체적인 아이덴티티로서 추상적 개념에 불과할 뿐, 그 자체가 구체적인 표현이라고 볼 수 없다.

그러므로 플래쉬 애니메이션이 영상저작물로 인정된다고 하더라도 그 등장인물인 〈마시마로〉 캐릭터 자체는 플래쉬 애니메이션으로부터 분리되어 독자적인 저작물이 될 수 없다고 주장했다.

법원의 판단

이에 대해 법원은 〈마시마로〉가 탄생하게 된 경위를 언급하면서 "〈마시마로〉 캐릭터는 애초에 미술저작물로서 시작된 것이기 때문에 플래쉬 애니메이션과는 별도의 미술저작물로 보호된다. 그리고 〈마시마로〉 캐릭터는 나름의 창

---

7) 대법원 2004. 6. 14. 선고 2004다15096 판결

작성도 있기 때문에 저작물로 인정할 수 있다"라고 판시함
으로써, 〈마시마로〉 캐릭터가 저작물성이 없음을 확인해
달라는 A의 청구를 기각했다.

평 석

이 사건에서 법원은 〈마시마로〉 캐릭터에 대한 저작물부
존재확인의 소를 기각했다고는 해도 캐릭터의 독자적인 저
작물성 여부에 관해 명확히 판단한 사안은 아니었다. 이
사건 이후에 캐릭터의 독자적인 저작물성 여부에 관해 직
접적으로 판시한 사건이 나왔는데 그 사건이 바로 〈실황야
구〉 vs 〈신야구〉 사건이다.

〈실황야구〉 vs 〈신야구〉 사건[8]

A회사는 〈실황야구〉라는 일본 야구 게임 저작권자이다.

B회사는 〈신야구〉라는 야구 게임을 제공하고 있는 국내 회사이다.

A회사는 B회사의 〈신야구〉 캐릭터가 A회사의 〈실황야구〉 캐릭터와 실질적으로 비슷하기 때문에 A회사의 〈실황야구〉 캐릭터에 대한 복제권을 침해한 것이라고 주장하면서 그 침해금지를 청구했다.

---

8) 대법원 2010. 2. 11. 선고 2007다63409 판결

■ 항소심 법원의 판단(캐릭터의 독자적 저작물성을 부정)

이 사건에서 항소심 법원은 "〈실황야구〉와 같은 저작물은 등장하는 여러 캐릭터, 플롯(plot), 게임의 전개, 다양한 선택, 도구 등 여러 가지 구성 요소로 이루어지는 것이 보통인데, 실황야구 캐릭터는 〈실황야구〉라는 영상저작물의 일부에 불과하다. 캐릭터는 일반인의 머릿속에 형성된 일종의 이미지로서 표현과는 대비된다. 즉, 캐릭터란 그 개개 장면의 구체적인 표현으로부터 승화된 등장인물의 특징이라는 추상적 개념이지 구체적인 표현이 아니며, 결국 그 자체가 사상 또는 감정을 창작적으로 표현한 것이라고 볼 수 없다. 따라서 실황야구 캐릭터가 등장하는 〈실황야구〉 자체를 영상저작물로 보호하는 것으로 족하고, 별도로 실황야구 캐릭터 자체를 독립된 저작권법의 보호 대상으로 보기는 부족하다"라고 판시함으로써, 캐릭터의 독자적 저작물성을 부정했다.

■ 대법원의 판단(캐릭터의 독자적 저작물성을 긍정)

이에 반해, 대법원은 "〈실황야구〉에 등장하는 실황야구 캐릭터는 인물의 모습을 개성적으로 도안함으로써 저작권법이 요구하는 창작성의 요건을 갖추었다. 그러므로 원저작물인 게임물과 별개로 저작권법의 보호 대상이 될 수 있다. 따라서 원심이 실황야구 캐릭터가 독립된 저작권법의 보호 대상으로 보기에는 부족하다고 판단한 것은 잘못이다"라고 판시함으로써, 캐릭터의 독자적 저작물성을 긍정했다.

 Tip

대법원은 일반적인 미술저작물의 저작물성 판단과 동일하게 캐릭터의 독자적인 저작물성을 판단하면서, 2심법원의 판단이 '잘못이다'라고만 판시했기 때문에, 대법원이 구체적으로 어떤 근거에 기초해서 캐릭터의 독자적 저작물성을 인정했는지는 명확하지 않다.

그러나 대법원 판시 내용을 자세히 분석해 보면, 아마도 대법원은 캐릭터의 독자적 저작물성을 긍정하는 입장에서, 캐릭터는 추상적인 개념이 아니라 저작권법에 의해 보호 받는 하나의 표현에 해당하고 시각적 캐릭터의 경우에는 그것을 구성하는 여러 요소들 가운데 도안에 창작성이 있으면(다른 구성 요소의 경우에는 그것만으로는 창작성을 인정하기가 어려움) 다른 구성 요소들과 결합해서 전체적으로 독자적 저작물성을 인정할 수 있다는 취지로 해석된다.

5
저작권법상 저작물의 종류에
'캐릭터 저작물'을 신설할 필요성

캐릭터는 그 정의에서 살펴본 바와 같이, 현행 저작권법 상의 저작물 가운데 어떤 저작물에 해당한다고 딱 꼬집어 말하기 어렵다. 시각적인 부분과 관련해서는 미술저작물 로 볼 수도 있고, 성격적인 부분과 관련해서는 어문저작물 로 볼 수도 있으며, 캐릭터의 독자적 저작물성을 부정하는 견해에 따르면 영상저작물의 일부로 볼 수도 있는 것이다. 따라서 여러 가지 성격을 지니고 있는 캐릭터는 그것의 독 자적 저작물성에 관한 소모적 논쟁 등을 감안해 볼 때, 이 를 저작권법상 별도의 저작물로 규정하여 보호하는 것이 보다 바람직할 것으로 생각된다.

PART

05

캐릭터의 종류

지금까지 살펴본 캐릭터는 모두 시각적이면서 창작적 캐릭터라고 할 수 있다. 그런데 캐릭터의 종류에는 이런 시각적·창작적 캐릭터만 있는 것이 아니라, 소설·드라마 등의 주인공 같은 어문적 캐릭터와 드라마·영화 등에 출연한 배우·스포츠 선수·가수 등의 실재 캐릭터도 있다.

예를 들어, 아기곰 푸는 시각적이면서 창작적 캐릭터에 해당하고, 셜록홈즈는 어문적이면서 창작적 캐릭터에 해당하며, 드라마 임꺽정에서 연기한 배우는 실재 캐릭터에 해당한다.

어문적 캐릭터

실무에서 주로 문제가 되는 캐릭터는 시각적·창작적 캐릭터이고, 애니메이션이나 게임 등에 등장하는 시각적·창작적 캐릭터는 그나마 눈으로 볼 수 있는 부분이 많이 있기 때문에 독자적 저작물로 인정받을 여지가 꽤 있다. 그러나 소설이나 드라마의 주인공 등과 같은 어문적 캐릭터의 경우는 좀 다르다. 소설은 어문저작물로, 드라마는 영상저작물로 보호를 받지만, 그 속에 등장하는 어문적 캐릭터를 독자적으로 보호할 수 있는 경우는 거의 없다.

왜냐하면 어문적 캐릭터는 이름, 시각적 요소(외모 등), 청각적 요소(말투 등), 성격적 요소로 구성되는데, 그것이 보호를 받기 위해서는 등장인물의 일정한 행동 양식, 성격, 말투 등에서 독특한 개성이 두드러져야만 하기 때문이다.

게다가 법원에서는 이름을 제목과 비슷한 것으로 취급하여 일관되게 저작권법상 보호 대상이 아니라고 판시하고 있고, 그 밖의 특징적인 요소인 외모, 말투, 성격 등은 단순한 아이디어 또는 필수 장면에 해당하여 저작물로 보호받을 수 있는 여지가 거의 없다.

드라마 〈겨울연가 등〉 사건[9]

드라마 〈겨울연가, 황진이, 대장금 및 주몽〉(이하 '드라마 겨울연가 등' 이라고 함)의 저작권자들인 방송사들이 A회사가 방송사들의 드라마 일부 명장면, 주요 배경, 의상 등을 A회사가 제조하는 헬로키티 제품에 마음대로 사용함으로써, 방송사들의 캐릭터 등에 대한 복제권 및 2차적저작물작성권을 침해한 것은 물론, 상표 등록된 대장금 및 주몽과 관련된 상표권 등을 침해했다고 주장한 사안.

---

9) 대법원 2010. 1. 14. 선고 2009다4116 판결

■ 어문적 캐릭터의 저작권 침해 여부

이 사건에서 방송사들은 A회사에 대해 여러 가지 저작권 침해를 주장했다. 그 가운데 캐릭터와 관련된 저작권 침해 주장에 대해 법원은 "영화나 드라마의 캐릭터는 자신만의 독특한 외양을 가진 배우의 실연에 의하여 표현되며, 등장 인물의 용모, 행동거지, 명칭, 성격, 목소리, 말투, 상황이 나 대사 등을 모두 합한 총체적인 아이덴티티를 말하는 것 이다. 따라서 시각적 요소가 모두 창작에 의하여 만들어지 는 만화나 만화영화의 캐릭터보다는 소설, 희곡 등 어문저 작물의 캐릭터에 가깝다"라고 판시함으로써, 영화나 드라 마의 캐릭터는 어문적 캐릭터라고 판단했다.

이런 판단을 전제로 법원은 "드라마의 등장인물로부터 위 와 같은 속성을 배제한 채 그 명칭이나 복장, 소품만을 따 로 떼어낸 캐릭터가 원래의 저작물로부터 독립하여 별도 로 저작권에 의하여 보호된다고 보기는 어렵다"라고 판시 했다. 드라마 주인공들의 용모, 소품 등만을 따로 떼어 내 서 이를 헬로키티 악세사리 등에 이용한 것만으로는 어문적 캐릭터에 해당하는 드라마 주인공 캐릭터의 저작권을 침해하는 것은 아니라고 판단한 것이다.

■ 상표권 침해 여부

상표 등록된 대장금 및 주몽 상표의 상표권 침해와 관련하여, 법원은 "상표권 침해가 되기 위해서는 타인의 상표를 '상표적으로 사용'해야만 한다. 그런데 A회사 홈페이지에 '장금키티핸드폰줄', '주몽소서노볼펜' 등의 명칭이 사용되었지만, 이러한 명칭은 홈페이지 방문자들에게 제품의 모양을 설명하고 안내하기 위하여 사용된 것이므로 상품 출처의 표시로서 사용된 것이라고 볼 수 없고, 상품 거래 서류에 대장금 등의 명칭을 표시했더라도 이는 제품을 특정하기 위한 것에 불과할 뿐 상품의 출처 표시를 한 것으로 볼 수는 없다"고 판시함으로써, 방송사들의 상표권 침해 주장을 받아들이지 않았다.

■ 부정경쟁방지법 및 영업비밀보호에 관한 법률 위반 여부

또한, 법원은 "〈드라마 겨울연가 등〉의 주인공 캐릭터 및 의상, 소품 등에 관하여 상품화 사업이 이루어지고 있다는 점이 국내 수요자들에게 널리 인식되어 있다고 보기는 어렵다"는 이유를 들어 부정경쟁방지법 및 영업비밀보호에 관한 법률(이하 '부정경쟁방지법'이라 함) 위반에도 해당하지 않는다고 판단하였다.

■ 민법상 일반 불법 행위 여부

다만, 법원은 "A회사가 드라마를 이용한 상품화 사업 분야에서 서로 경쟁자의 관계에 있는 방송사들의 상당한 노력과 투자에 편승하여 드라마의 명성과 고객 흡입력을 자신의 영업을 위하여 무단으로 이용한 것은, 법률상 보호할 가치가 있는 방송사들의 드라마에 관한 상품화 사업을 통한 영업상의 이익을 침해하는 것이므로, A회사의 행위는 부정한 경쟁 행위로써 민법상 불법 행위에 해당하기 때문에 이에 따른 손해를 배상할 책임이 있다."고 판시하였다.

이 사건 당시에는 부정경쟁방지법 제2조 제1호 차목(그 밖에 타인의 상당한 투자나 노력으로 만들어진 성과 등을 공정한 상거래 관행이나 경쟁 질서에 반하는 방법으로 자신의 영업을 위하여 무단으로 사용함으로써 타인의 경제적 이익을 침해하는 행위) 규정이 신설되기 전이었기 때문에, 법원에서는 A회사의 행위를 민법상 일반 불법 행위로 보았다. 그러나 그 후에는 위 부정경쟁방지법 조항이 신설되었기 때문에 현재 이런 비슷한 사건이 발생하면 부정경쟁방지법상의 부정경쟁 행위로 판단하면 될 것이다. 다만, 대부분의 부정경쟁방지법 위반의 경우에는 저작권법과 마찬가지로 형사 처벌 규정을 두고 있는데, 부정경쟁방지법에서는 위 제2조 제1호 차목 위반을 형사 처벌 대상으로 삼고 있지는 않다.

2

실재 캐릭터

1 퍼블리시티권의 의의

드라마나 영화 등에 출연한 배우 등과 같은 실재 캐릭터의
경우에는 저작권이 아닌 퍼블리시티권으로 보호받을 수
있다. 퍼블리시티권(Right of Publicity)이란 초상권을 구성하는
여러 권리들 가운데 하나로 '사람(대개 유명인)의 성명, 초상
등을 광고 등 상업적으로 이용하여 경제적 이익을 얻을 수
있는 권리'를 의미한다.

2 최근 퍼블리시티권을 부정하는 판례의 경향

최근 들어 연예인 등의 퍼블리시티권 침해 관련 사건에서
법원은 "고유의 명성, 사회적 평가, 지명도 등을 획득한

배우, 가수, 운동선수 등 유명인의 성명이나 초상 등이 상품에 부착되거나 서비스업에 이용되는 경우 상품의 판매가 촉진되거나 서비스업의 영업 활동이 촉진되는 효과가 있기 때문에, 이러한 유명인의 성명, 초상 등이 갖는 고객흡인력은 그 자체가 경제적 이익 내지 가치로 취급되어 상업적으로 거래되고 있다.

성명권, 초상권 등 일신에 전속하는 인격권이나 종래의 저작권, 부정경쟁방지 및 영업비밀보호에 관한 법률의 법리만으로는 이를 설명하거나 충분히 보호하기 어렵다. 우리나라에서도 근래에 이르러 연예, 스포츠 산업 및 광고 산업의 급격한 발달로 유명인의 성명이나 초상 등을 광고에 이용하게 됨으로써 그에 따른 분쟁이 적지 않게 일어나고 있는 형편이다.

이를 규율하기 위하여, 성명이나 초상, 서명 등이 갖는 재산적 가치를 독점적, 배타적으로 지배하는 권리인 퍼블리시티권(Right of Publicity)이라는 새로운 권리 개념을 인정할 필요성은 충분히 수긍할 수 있다.

그러나 민법 제185조 는 '물권은 법률 또는 관습법에 의하는 외에는 임의로 창설하지 못한다' 라고 규정하여 이른바 물권법정주의를 선언하고 있고, 물권법의 강행법규성은 이를 중핵으로 하고 있으므로, 법률(성문법과 관습법)이 인정하지 않는 새로운 종류의 물권을 창설하는 것은 허용되지 아니한다.

그런데 재산권으로서의 퍼블리시티권은 성문법과 관습법 어디에도 근거가 없다. 따라서 법률, 조약 등 실정법이나 확립된 관습법 등의 근거 없이 필요성이 있다는 사정만으로 물권과 비슷한 독점배타적 재산권인 퍼블리시티권을 인정하기는 어렵다.

앞으로 퍼블리시티권의 성립 요건, 양도·상속성, 보호 대상과 존속기간, 침해가 있는 경우의 구제 수단 등을 구체적으로 규정하는 법률적 근거가 마련되어야만 비로소 퍼블리시티권을 인정할 수 있다" [10]라고 판시함으로써, 퍼블리시티권 자체를 부정하는 경향이 있다.

---

10) 서울서부지방법원 2014. 7. 24. 선고 2013가합32048 판결 등

한편, 위와 같은 퍼블리시티권 침해 주장과 함께 연예인 등이 주장한 초상권 침해와 관련하여 법원은 "헌법상 인격권 또한 민법의 일반 규정 등을 통하여 사법적으로 보장되는 것이기 때문에 개인의 동의 없이 성명이 이용됨으로써 개인의 인격적 법익이 위법하게 침해된 것으로 평가할수 있다면, 개인은 인격적 법익을 침해한 자에 대하여 정신적 고통에 대한 손해배상을 청구할 수 있다.

그러나 인격적 법익의 주체가 연예인 등인 경우 인격적 법익에 관한 일반 이론이 다소 수정되어야 한다. 연예인 등의 직업을 선택한 사람은 직업의 특성상 자신의 성명과 초상이 대중 앞에 공개되는 것을 포괄적으로 허락한 것이라고 할 수 있기 때문에 위와 같은 인격적 이익의 보호 범위는 일반인에 비하여 제한된다.

그러므로 연예인 등이 자기의 성명과 초상이 권한 없이 사용됨으로써 정신적 고통을 입었다는 이유로 손해배상을 청구하기 위해서는 그 사용이 방법, 형태, 목적 등에 비추어 해당 연예인 등에 대한 평가, 명성, 인상을 훼손·저하시키는 경우이거나 그 밖에 자신의 성명과 초상이 상품 선전 등에 이용됨으로써 정신적 고통을 입었다고 인정될 만한 특별한 사정이 존재하여야 한다" 11)라고 판시함으로써, 연예인 등의 경우에는 그 초상권 침해에 대해서도 이를 쉽게 인정하지 않고 있다.

가수와 영화배우의 사진이나 성명 등에 관한 퍼블리시티권 침해 사건은 다수 있지만, 드라마 주인공의 드라마 속 모습과 관련된 퍼블리시티권 침해 사건은 그렇게 흔하지 않다. 지금 소개할 〈드라마 임꺽정 인물화〉 사건이 실재 캐릭터와 관련된 드문 사건 가운데 하나다.

11) 서울서부지방법원 2014. 7. 24. 선고 2013가합32048 판결 등

〈드라마 임꺽정 인물화〉 사건[12]

A는 〈드라마 임꺽정〉의 주인공이다.

B회사는 의약품 광고를 일간 신문에 게재하면서, 드라마 주인공 〈임꺽정〉의 특징적인 부분을 모방한 인물화를 게재하였다.

이에 A는 B회사를 상대로 자신의 승낙 없이 자신의 초상과 비슷한 인물화를 광고에 사용함으로써, 자신의 초상권을 침해했다고 주장하면서 그에 따른 손해배상을 청구했다.

 B회사의 반박

이 사건에서 B회사는 광고에 게재한 인물화는 드라마 〈임꺽정〉의 주인공이 아니라 일본 사무라이를 묘사한 것이라고 주장했다.

---

12) 대법원 1999. 1. 27. 선고 98다56355판결

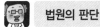

이에 대해 법원은 "이 사건 인물화는 드라마 〈임꺽정〉 주인공의 실제 모습과 다르고, 수염 등 세부 묘사도 완전히 동일한 것은 아니지만, 드라마 주인공으로 분장한 유명 배우의 특징적 부분들이 대부분 표현되어 있고, 드라마를 보았거나 유명 배우를 알고 있는 사람이라면 누구나 이 사건 인물화를 보고 드라마 임꺽정으로 분장한 유명 배우의 모습을 떠올리기에 충분하다. 따라서 유명 배우에게 사전에 아무런 동의나 승낙을 구하지 않고 이 사건 인물화가 들어 있는 광고를 일간지 등에 그대로 게재한 행위는 유명 매우의 초상권을 침해하는 불법 행위에 해당한다"라고 판시하여, 드라마 〈임꺽정〉 주인공의 초상권 침해를 인정했다.

사실 이것은 지금의 관점에서 보면, 초상권 침해라기보다는 퍼블리시티권 침해라고 보는 것이 더 타당할 것이다.

I 3 I
시각적·창작적 캐릭터

지금까지는 어문적 캐릭터와 실재 캐릭터에 관해 살펴보았다. 이제부터는 캐릭터 사례 가운데 실무적으로 거의 대부분을 차지하는 시각적·창작적 캐릭터 사례를 중심으로 살펴보도록 하겠다.

〈슈크레〉 사건[13]

A 등은 저작권자인 일본 유한회사 오리지널플랜트의 저작물인 le Sucre 캐릭터 모양의 인형 수 만개를 중국에서 제조한 후 이를 부산항을 통해 수입하여 제3자에게 판매하였다. 이것이 저작권법 위반, 상표법 위반, 부정경쟁방지법 위반이 되는지 여부가 문제된 사안이다.

일본 저작물로서 일본에서 저작권법상 보호를 받지 못하고 있는 〈슈크레〉 캐릭터가 과연 우리나라 저작권법에 의해 보호받을 수 있는지가 주요하게 다투어진 사건이었다.

■ 저작권법 위반 관련

 A 등의 반박

1) 〈슈크레〉 캐릭터는 응용미술로서 본국 일본에서는 디자인으로만 보호되고 저작물로는 보호되지 않고 있으므로, 우리나라에서도 저작물로 보호받을 수 없다!

문학·예술 저작물 보호를 위한 베른협약(이하 '베른협약'이라고 함) 제2조 제7항에서는 '이 협약 제7조 제4항의 규정에 따를 것을 조건으로, 응용미술저작물 및 산업디자인·모형에 관한 법률의 적용 범위와 그러한 저작물·디자인 및 모형이 보호되는 조건은 동맹국의 입법에 맡겨 결정한다. 본국에서 오로지 디자인과 모형으로만 보호되는 저작물은 다

---

13) 대법원 2015. 12. 10. 선고 2015도11550 판결

른 동맹국에서 디자인과 모형에 부여하는 것과 같은 그러한 특별한 보호만을 받는다. 다만, 그 다른 동맹국에서 그러한 특별한 보호를 부여하지 아니하는 경우에 그 저작물은 예술저작물로서 보호된다' 라고 규정하고 있다.

그리고 우리 저작권법 제3조 제3항에서는 '제1항 및 제2항에 따라 보호되는 외국인(대한민국 내에 상시 거주하는 외국인 및 무국적자는 제외한다. 이하 조에서 같다)의 저작물이라도 그 외국에서 대한민국 국민의 저작물을 보호하지 아니하는 경우에는 그에 상응하게 조약 및 이 법에 따른 보호를 제한할 수 있다' 라고 규정하고 있다.

〈슈크레〉 캐릭터 형상의 토끼 인형은 응용미술로서 본국인 일본에서 디자인이나 모델로서만 보호되므로, 〈슈크레〉캐릭터는 대한민국에서도 디자인으로 보호받는 것은 그렇다 치더라도, 위 베른협약 제2조 제7항에 따라 저작물로서는 보호받을 수 없다. 그리고 이것이 우리 저작권법 제3조 제3항에서 규정하고 있는 상호주의에도 부합하는 것이다.

2) 〈슈크레〉 캐릭터는 응용미술저작물에 해당하지 않는다!

〈슈크레〉 캐릭터는 인형 등 제품에 동일한 형상으로 복제되는 응용미술이다. 그런데 〈슈크레〉는 해당 물품과 구분되어 독자성을 인정할 수 있는 응용미술저작물[14]이 아니므로, 미술저작물[15]로 보호받을 수 없다.

3) 〈슈크레〉 캐릭터 형상의 토끼 인형은 창작성이 없거나 창작성이 있다고 해도 A 등이 수입한 토끼 인형과는 실질적으로 비슷하지 않다!

〈슈크레〉 캐릭터의 형상을 한 토끼 인형은 흔한 토끼의 모습을 하고 있기 때문에 창작성이 없거나 혹시 창작성이 있다고 해도 A 등이 수입한 토끼 인형과는 실질적으로 비슷하지 않다.

---

14) 물품에 동일한 형상으로 복제될 수 있는 미술저작물로서 그 이용된 물품과 구분되어 독자성을 인정할 수 있는 것을 말하며, 디자인 등을 포함한다(저작권법 제2조 제15호).

15) 회화·서예·조각·판화·공예·응용미술저작물 그 밖의 미술저작물

이와 같이 A 등은 〈슈크레〉 캐릭터가 베른협약 등에 의해 우리나라에서도 저작권법상 보호 대상이 될 수 없다고 주장함으로써 가장 강력한 논거를 제일 먼저 제시하였다.

다음으로 A 등은 〈슈크레〉 캐릭터가 우리나라에서 저작권법상 보호받을 수 있다고 하더라도, 그 자체가 응용미술인데 〈슈크레〉 캐릭터는 우리나라 저작권법상 미술저작물의 한 종류인 '응용미술저작물'에 해당하지 않으므로 미술저작물로서 보호받을 수 없다고 주장했다.

마지막으로 A 등은 비록 〈슈크레〉 캐릭터가 우리나라에서 보호되고 또한 응용미술저작물에 해당한다 해도, 〈슈크레〉 캐릭터의 형상을 한 토끼 인형은 흔한 토끼 모습을 하고 있기 때문에 창작성이 없거나 창작성이 있다 해도 A 등이 수입한 토끼 인형과는 실질적으로 비슷하지 않다고 주장함으로써, 저작권

침해 사건에서 방어자가 반박할 수 있는 전형적인
　　방어 논리를 순서대로 모두 주장했다.

 법원의 판단

1) 〈슈크레〉 캐릭터가 응용미술저작물인지 아니면 일반적인 미술저작물인지 여부

대법원은 베른협약 제2조 제7항이 응용미술에 관한 것임을 전제로, 과연 슈크레가 응용미술인지 아니면 일반적인 미술저작물에 해당하는지에 관해 먼저 판단했다.

〈슈크레〉 캐릭터는 일본에서 이른바 오리지널 캐릭터[16]의 일종으로 개발된 도안이고, 물품에 표시되는 것 말고도 일본에서 동화책 등 물품에 부착되지 않은 형태로 게재되었다. 따라서 〈슈크레〉 캐릭터가 저작권법에 의하여 보호되

---

16) 만화, 영화 등 대중매체에서 공표되기 전에 상품에 사용되면서 공표된 캐릭터

는 저작물인지 여부는 일반적인 미술저작물로서의 창작성을 구비하였는지 여부에 따라 판단하는 것으로 충분하다. 〈슈크레〉 캐릭터는 흔히 볼 수 있는 실제 토끼의 모습과는 구별되는 독특한 형상으로서 창작자 나름의 정신적 노력의 소산으로서의 특성이 부여되어 있어서 다른 저작자의 기존 작품과 구별할 수 있는 정도라고 보이므로 저작권법에 의하여 보호되는 저작물의 요건으로서의 창작성을 구비하였다고 할 것이다. 〈슈크레〉 캐릭터는 일반적인 미술저작물로 볼 수 있다.

2) 〈슈크레〉 캐릭터가 미술저작물로서 우리나라 저작권법의 보호를 받을 수 있는지 여부

위에서 본바와 같이, 〈슈크레〉 캐릭터는 일반적인 미술저작물에 해당한다. 베른협약의 체약국 사이에는 '내국민대우의 원칙'이 적용된다. 그런데 '상호주의'를 규정한 우리 저작권법 제3조 제3항이 베른협약의 '내국민대우의 원칙'을 배제하는 조항이라고 해석되지는 않는다.

저작권법 제3조 제3항에서 규정하고 있는 상호주의의 의미는 본국인 일본에서 우리나라 저작물을 보호해 주지 않으면 우리나라에서도 일본 저작물의 보호를 제한하겠다는 것이지, 일본에서 저작물로 보호되지 않는 저작물이라고 해서 우리나라에서도 그 보호가 제한된다는 것을 의미하는 것은 아니다.

따라서 일본이 「베른협약」의 체약국으로서 같은 체약국인 우리나라 국민의 저작물에 대하여 내국민대우를 하는 이상 일본을 본국으로 하는 〈슈크레〉 캐릭터는 우리나라 저작권법에 따라 미술저작물로 보호받을 수 있다.

3) 〈슈크레〉 캐릭터의 창작성 여부 및 저작권 침해 여부

〈슈크레〉 캐릭터는 토끼를 형상으로 표현한 것이다. 둥근 얼굴에 작고 둥근 눈, 그리고 작은 눈과 대비되는 크고 둥근 코와 그 아래에 일자에 가까운 입모양을 갖추고 있고,

귀는 긴 타원형으로 속살 같은 것이 보이는 형태로 되어 있다. 팔과 다리는 길게 늘어뜨려 약간 휘어진 형태인데 손과 발은 원형으로 되어 있다.

전체적으로 아무 표정이 없지만 느긋하고 귀여운 느낌을 주도록 도안한 것으로, 흔히 볼 수 있는 실제 토끼의 모습과는 구별되는 독특한 형상을 갖고 있기 때문에 창작성을 구비하고 있다고 인정할 수 있다.

따라서 〈슈크레〉 캐릭터의 단순한 입체적 형상으로서 그 복제물 또는 2차적저작물에 해당하는 토끼 인형을 무단으로 수입하여 국내에서 판매하는 행위는 〈슈크레〉 캐릭터에 대한 저작재산권 침해에 해당한다.

■ 부정경쟁방지법 위반 관련

부정경쟁방지법 위반 여부와 관련해서 대법원은 "〈슈크레〉 캐릭터와 그 입체적 형상인 토끼 인형은 국내에 널리 인식된 타인의 상품 표지에 해당하고, A 등은 〈슈크레〉 캐릭터를 형상화한 토끼 인형과 실질적으로 동일·비슷한 토끼 인형을 수입·판매하여 상품 주체 혼동행위를 하였다"라고 판시함으로써, A 등의 부정경쟁방지법 위반을 인정했다.

■ 상표법 위반 관련

상표법 위반 여부와 관련해서 대법원은 "등록 상표 가운데 토끼 얼굴 도형 부분은 수요자의 주의를 끄는 특징적 부분이고, A 등이 사용하고 있는 상표에 나타나 있는 토끼 도형과 사실상 동일한 얼굴 모양을 하고 있다. 등록 상표의 문자 부분인 le Sucre와 A 등이 사용하고 있는 상표의 문자 부분 가운데 secre d'orge는 Sucre를 그 일부로 포함한다는 점에서 공통된다. 등록 상표와 A 등의 사용 상표가 사용된 상품은 모두 토끼 인형으로 그 형상 또한 똑같거나 비슷하다. 따라서 양 상표는 거래자나 일반 수요자에게 주는 인상, 기억, 연상 등에 있어서 상품의 출처에 관하여 오인·혼동을 일으킬 우려가 있기 때문에 유사 상표에 해당한다"라고 판시함으로써, 상표법 위반도 인정했다.

〈미피〉 vs 〈부토〉 사건[17]

A는 〈미피〉 캐릭터의 저작권자로서 〈미피〉 캐릭터를 상품화하여 인형 등 각종 제품을 제조·판매하고 있다.

B는 〈미피〉 캐릭터와 실질적으로 비슷한 〈부토〉라는 캐릭터를 이용하여 인형 등 각종 제품을 제조·판매하고 있다.

A는 B의 이러한 행위가 〈미피〉 캐릭터에 관한 A의 복제권 또는 2차적저작물작성권을 침해하고 있다는 이유로 B를 상대로 저작권 침해금지 등 가처분을 신청했다.

---

17) 서울고등법원 2013. 2. 8. 선고 2012라1419 결정

■ 〈미피〉의 저작물성 여부

이 사건에서 〈부토〉 캐릭터가 〈미피〉 캐릭터 저작권자의
저작권을 침해했다고 하기 위해서는 먼저 〈미피〉 캐릭터가
창작성 있는 저작물이어야 하므로, 법원은 이에 대해 먼저
판단했다.

〈미피〉 캐릭터의 저작물성에 관해 법원은 "〈미피〉 캐릭터
는 흰색의 작고 귀여운 이미지를 단순한 선과 색을 사용
하여, 작고 까만 점으로 표시된 두 눈에 코 없이 X자 입을
가진 얼굴, 미세한 간격을 둔 채로 위쪽으로 길게 솟아 있
는 두 귀, 짧은 팔다리가 목 부분을 중심으로 사방으로 뻗
어있는 듯한 몸체 등 작성자의 창조적 개성이 드러나 있으
므로, 〈미피〉 캐릭터는 저작권법으로 보호되는 저작물에
해당한다"고 판단했다.

■ 실질적 유사성 여부

〈미피〉 캐릭터가 저작권법상 보호되는 저작물에 해당한다는 것을 전제로, 법원은 〈부토〉 캐릭터가 〈미피〉 캐릭터와 실질적으로 비슷한지 여부에 관해 판단했다.

이에 관해 법원은 "〈미피〉 캐릭터와 〈부토〉 캐릭터는 개별적 차이가 있는 점(귀의 간격 및 모양, 눈의 위치, 코의 생략과 위치/모양, 입의 모양과 가려져 있는지 여부, 팔다리 모습 등), 실제 대상(토끼)을 전제로 하는 저작물의 경우 창작 형식이 상대적으로 제한되는 점, 단순화된 표현이 강조된 캐릭터일수록 일부의 차이만으로 전체적 심미감이 확연하게 달라지는 특성, 동일성 식별의 가장 핵심이 되는 부분은 얼굴 내 이목구비인데 이목구비는 그 미세한 표현과 배치의 차이만으로 식별력에 큰 차이가 나는 속성 등을 종합하면, 양 캐릭터 사이의 실질적 유사성은 인정되지 않는다"라고 판단했다.

따라서 〈부토〉 캐릭터가 〈미피〉 캐릭터와 실질적으로 비슷하다는 것을 전제로 하는 A의 저작권 침해 주장은 이유 없는 것으로 기각되었다.

나노블록과
저작권의 관련성

⌂1 개 요

최근 나노블록이 인기를 끌면서 나노블록과 관련된 저작권적인 이슈가 제기되고 있다. 나노블록은 레고처럼 가지고 노는 형태가 아니라, 직접 끼워 맞추면서 작품을 만들어 완성하는 작품 형태의 블록으로, 대부분 만화나 애니메이션 등에 등장하는 유명 캐릭터를 형상화한 것이기 때문에 가품 나노블록의 경우에는 캐릭터 저작권자와 캐릭터 사용권자인 정품 나노블록 제작·판매업자(이하 '캐릭터 사용권자'라고 함)의 저작권을 침해할 수 있다.

조립되지 않은 블록 조각 묶음 형태로 판매되는 나노블록의 경우, 포장지에 표시된 나노블록 완성물의 모양과 조립도에 그려진 완성된 형태의 나노블록의 모양은 캐릭터 저작권자와 캐릭터 사용권자의 저작권 침해에 해당할 수 있다. 그러나 블록 조각의 경우에는 비록 그것이 소비자들에 의해 최종적으로 완성된다고 하더라도, 블록 조각 자체를 캐릭터가 형상화된 나노블록이라고 보기는 어렵기 때문에 블록 조각만으로 캐릭터 저작권자와 캐릭터 사용권자의 저작권 침해에 해당하는지에 대해서는 논란의 여지가 있을 수 있다.

즉, 조립되지 않은 블록 조각 묶음 형태로 판매되는 나노블록이라고 하더라도, 조립도에 따라 그대로 조립만 하면 완성된 형태의 나노블록이 만들어지기 때문에 이는 조립된 상태로 판매되는 나노블록과 다를 것이 없으므로 이러한 경우에도 저작권 침해가 될 수 있다는 견해가 있을 수 있는 반면, 복제물 또는 2차적저작물에 해당하는 나노블록을 완성하는 것은 가품 제조·판매업자가 아닌 소비자들이기 때문에 사적 이용에 해당하는 소비자들의 조립 행위를 방조하는 행위로 보는 것은 별론으로 하더라도 블록 조각 자체를 캐릭터의 복제물 또는 2차적저작물이라고 볼 수는 없다는 견해도 있을 수 있다.

나노블록과 관련된 실제 분쟁 사례는 아직 없기 때문에, 이하에서는 나노블록 가상 사례를 통해 나노블록과 관련된 저작권적인 문제에 대해 생각해 보도록 하겠다. 다만, 이하에서 볼 가상 사례는 논란의 여지가 있는 블록 조각 자체가 아닌 완성된 형태의 나노블록이 캐릭터 저작권자와 캐릭터 사용권자의 어떤 저작권을 침해하는지에 관한 내용으로 구성한 것이다.

2

가상 사례

〈스파이더맨 나노블록〉 가상 사례

나노블록 정품 제작·판매업체인 A회사는 만화 〈스파이더맨〉 캐릭터의 저작권자인 마블 캐릭터즈 인코포레이티드(이하 '마블'이라고 함)와 〈스파이더맨〉 캐릭터에 관한 국내 상품화 계약을 체결하여 스파이더맨으로 형상화되는 나노블록을 제작하여 판매하고 있다. 그러자 B회사는 A회사의 나노블록이 인기리에 판매되고 있는 점을 이용하여 A회사의 위 나노블록과 동일한 나노블록을 제작하여 판매하고 있다. 이 경우 B회사의 저작권 침해 행태는?

■ 만화 〈스파이더맨〉 캐릭터와 나노블록의 완성 입체물과의 관계 및
  그에 따른 권리

1) B회사가 침해할 수 있는 저작권 침해 행태

이 사안에서 B회사가 저작권을 침해하는 행태는 2가지가
있을 수 있다. 하나는 만화 〈스파이더맨〉 캐릭터의 저작권
자인 마블에 대한 저작권 침해이고, 다른 하나는 나노블
록의 완성 입체물 관련 A회사에 대한 저작권 침해이다.

2) 마블 저작권 침해 관련

만화 〈스파이더맨〉 캐릭터의 저작권자인 마블에 대한 저
작권 침해와 관련해서 문제 될 수 있는 것은 세가지다.

첫째, B회사의 행위가 마블의 저작재산권 가운데 복제권
을 침해한 것인가? 둘째, 마블의 저작재산권 가운데 2차적
저작물작성권을 침해한 것인가? 셋째, 마블의 저작재산권
가운데 어떠한 저작권도 침해하지 않은 것인가?

A회사의 입장은 상황에 따라 두 가지로 갈린다.

만일 나노블록의 완성 입체물이 만화 〈스파이더맨〉 캐릭터의 복제물이라면 A회사는 자신이 제작·판매하고 있는 나노블록에 대해서는 아무런 저작권도 발생하지 않기 때문에 B회사에 대해 어떠한 저작권 침해도 주장할 수 없게 된다.

반면에 그것이 만화 〈스파이더맨〉 캐릭터의 복제물이 아니라 2차적저작물 또는 독립저작물에 해당한다면 A회사에게는 원저작물에 해당하는 만화 〈스파이더맨〉 캐릭터와는 별개의 저작권이 발생하기 때문에 B회사에 대해 저작권 침해를 주장할 수 있게 된다.

따라서 A회사가 제작·판매하고 있는 나노블록의 완성 입체물이 만화 〈스파이더맨〉 캐릭터의 단순한 복제물인지 아니면 2차적저작물 또는 독립저작물인지 여부를 먼저 판단할 필요가 있다.

3) A회사가 제작·판매하고 있는 나노블록 완성 입체물이 만화 〈스파이더맨〉 캐릭터와의 관계에서 어떤 저작물에 해당하는지 여부

① 복제물/2차적저작물/독립저작물의 개념

복제물은 기존 저작물을 원형 그대로 복제한 것 또는 그대로 복제하지는 않고 다소의 수정·증감이나 변경이 가해졌지만 새로운 창작성이 더해지지 않은 것을 말한다.

2차적저작물은 기존 저작물과 실질적 유사성(표현상의 본질적 동일성)을 유지하면서 구체적인 표현에 수정·증감·변경 등을 가하여 새롭게 사상 또는 감정을 창작적으로 표현(실질적 개변)함으로써 이를 접하는 사람들이 기존의 저작물이 갖고 있는 표현상의 본질적인 특징을 느껴 알 수 있는 것을 말한다.

독립저작물은 기존 저작물을 다소 이용하였더라도 기존 저작물을 추정하거나 연상할 수 없을 정도로 환골탈태하여 양 저작물 사이에 실질적 유사성이 없는 것을 말한다.

② A회사가 제작·판매하고 있는 나노블록의 완성 입체물이 만화 〈스파이더맨〉 캐릭터의 복제물, 2차적저작물 또는 독립저작물 가운데 어느 것에 해당하는지 여부

A회사가 제작·판매하고 있는 나노블록의 완성 입체물은 〈만화 스패이더맨〉 캐릭터의 특징인 '빨간 망사, 파란 바지, 빨간 망사 위에 그물 모양의 선'을 그대로 가지고 있기 때문에 이를 접하는 사람들은 만화 〈스파이더맨〉 캐릭터의 표현상의 본질적인 특징을 직접 느낄 수 있고 알 수 있다. 따라서 A회사가 제작·판매하고 있는 나노블록의 완성 입체물과 만화 〈스파이더맨〉 캐릭터는 실질적으로 비슷하다고 할 수 있다.

따라서 A회사가 제작·판매하고 있는 나노블록의 완성 입체물은 만화 〈스파이더맨〉의 단순한 복제물도 아니고, 또 〈만화 스패이더맨〉 캐릭터를 연상할 수 없을 정도로 환골탈태한 독립저작물도 아닌, 2차적저작물에 해당한다고 보는 것이 타당하다.

4) A회사가 제작·판매하고 있는 나노블록 완성 입체물에 관해 A회 사가 가지는 권리

2차적저작물은 원저작물과는 별개의 독자적 저작물로 보호받기 때문에(저작권법 제5조 제1항), A회사는 자신이 제작·판매하고 있는 나노블록 완성 입체물과 관련해서 원저작물인 만화 〈스파이더맨〉 캐릭터와는 별개의 저작권을 가지게 된다.

■ B회사의 저작권 침해 행태

1) 만화 〈스파이더맨〉 캐릭터에 대해 마블이 가지고 있는 2차적저 작물작성권 침해

A회사가 제작·판매하고 있는 나노블록 완성 입체물이 만화 〈스파이더맨〉 캐릭터의 2차적저작물에 해당한다면, A회사가 제작·판매하고 있는 나노블록과 동일한 나노블록을 제조·판매하고 있는 B회사의 나노블록 완성 입체물 또한 만화 〈스파이더맨〉 캐릭터의 2차적저작물에 해당한다.

따라서 B회사가 만화 〈스파이더맨〉 캐릭터의 저작권자인 마블의 승낙 없이 무단으로 그것의 2차적저작물에 해당하는 나노블록을 제조·판매하는 것은 만화 〈스파이더맨〉 캐릭터에 대해 마블이 가지고 있는 2차적저작물작성권을 침해하는 행위에 해당한다.

2) A회사가 나노블록 완성 입체물에 대해 가지는 복제권 및 배포권 침해

 A회사의 주장

A회사는 자신이 제작·판매하고 있는 나노블록 완성 입체물에 대해 별도의 저작권을 가지고 있다. 그러므로 A회사의 승낙 없이 무단으로 자신이 제조·판매하는 나노블록 완성 입체물과 동일한 형상의 나노블록을 제조·판매하는 B회사의 행위에 대해 A회사는 자신이 제조·판매하고 있는 나노블록 완성 입체물에 대해 갖는 복제권과 배포권을 침해하는 행위에 해당한다고 주장할 수 있다.

B회사의 예상되는 반박

이에 대해 B회사의 입장에서는 아래와 같은 논리로 반박할 것으로 예상할 수 있다.

● 전체적 형상과 관련하여

양쪽 회사에서 각각 제조·판매하고 있는 나노블록 완성 입체물은 모두 신체가 2등신 정도의 비율로 나뉘어 있고, 머리의 크기를 과장하고 있으며, 다른 신체 부위를 단순하게 표현하고 있다. 이런 방식은 기존의 만화, 게임 또는 인형 등에서 귀여운 이미지 캐릭터를 표현하는데 흔히 사용되었던 기법이기 때문에 이는 표현이 아니라 아이디어의 영역에 속한다.

● 얼굴 생김새와 관련하여

다른 만화 캐릭터와는 달리 얼굴에 빨간 망사를 쓰고 있는 만화 〈스파이더맨〉 캐릭터의 얼굴 생김새는 원래 그것의 본질적인 특징이고, 또한 기능적 저작물에 해당하는 블록 자체의 표현상의 한계로 인해 누가 하더라도 그 얼굴 생김새는 같거나 비슷하게 표현할 수밖에 없다. 따라서 A 회사가 제조·판매하고 있는 나노블록 완성 입체물 가운데 얼굴 생김새는 창작성이 없다.

● 몸체, 팔, 다리의 형상과 관련하여

신체를 2등신 정도의 비율로 단순하게 표현하는 과정에서 뿐만 아니라 블록 자체의 표현상의 한계로 인해 누가 하더라도 몸체, 팔, 다리의 형상은 그렇게 표현할 수밖에 없다. 따라서 A회사가 제조·판매하고 있는 나노블록 완성 입체물 가운데 몸체, 팔, 다리의 형상과 관련된 부분은 창작성이 없다.

● 구체적인 디자인(색상이나 무늬의 조합)과 관련하여

A회사가 제조·판매하고 있는 나노블록 완성 입체물은 모두 만화 〈스파이더맨〉 캐릭터의 본질적인 특징인 파란 바지와 그물 모양의 선을 단순히 블록 형식으로 표현한 것에 불과하다. 따라서 A회사가 제조·판매하고 있는 나노블록 완성 입체물의 구체적인 디자인도 창작성이 없다.

● 결론

A회사가 제조·판매하는 나노블록 완성 입체물과 B회사의 그것은 전체적으로 동일하게 보이더라도, 이는 원저작물인 만화 〈스파이더맨〉 캐릭터의 특징적인 부분을 나노블록이라는 기능적 저작물을 통해 귀여운 이미지의 캐릭터로 표현하는 과정에서 예전부터 이미 흔히 사용되고 있는 기법이고, 누가 하더라도 그렇게 밖에 표현할 수 없는 표현의 한계로 인한 것에 불과하다. 따라서 B회사는 A회사가 제조·판매하고 있는 나노블록의 완성 입체물에 대해 가지는 저작권을 침해하는 것이 아니다.

평 석

B회사가 위와 같은 논리로 반박할 수 있다고 하더라도, A회사가 제조·판매하는 나노블록 완성 입체물과 B회사가 제조·판매하는 나노블록 완성 입체물의 구체적인 표현 부분 전체가 완전히 동일하다면 위와 같은 논리만으로 실질적 유사성이 없다고 인정받기는 어려울 것으로 생각된다.

〈레고 배트맨 등〉 사건[18]

레고 주리스 에이/에이스사(이하 '레고사' 라고 함)의 저작물인 〈배트맨〉 도안의 저작권자는 레고사이다.

A는 레고 사의 〈배트맨〉 도안을 복제하여 이를 부착하는 방법으로 제조된 티셔츠를 A 등이 운영하는 인터넷 쇼핑몰을 통해 의류 판매상인 B 등에게 판매함으로써, 레고사가 〈배트맨〉 도안에 대하여 가지는 복제권과 배포권을 침해하였다고 해서 기소되었다.

나노블록과 관련된 저작권 사건은 아니지만, 이 사건 역시 레고와 관련된 사건이다.

■ 레고사의 〈배트맨〉 도안의 저작물성 여부

레고사의 〈배트맨〉은 원작 만화 속 등장인물 〈배트맨〉을 레고 고유의 블록 완구 형식에 맞추어서 개성적으로 재구

---

18) 서울중앙지방법원 2012. 2. 21. 선고 2010고정5743 판결

성함으로써 원저작물과 실질적 유사성을 유지하면서도 저작권법이 요구하는 창작성의 요건을 갖추었으므로, 원저작물과 별개로 저작권법의 보호 대상이 된다.

■ A 등이 레고사의 〈배트맨〉 도안에 관한 저작권을 침해했는지 여부

A 등의 〈배트맨〉 도안은 레고사의 배트맨이 가지고 있는 특성 즉, 3등신, U자 형의 손 등을 그대로 지니고 있으므로, 비록 그것이 3차원이 아닌 평면적 도안이라고 하더라도 레고사가 〈배트맨〉 도안에 대해 가지고 있는 저작권을 침해한 것이다.

평석

이 사건에서는 레고사가 만든 〈레고 배트맨〉이 〈만화 배트맨〉의 2차적저작물에 해당하므로, 레고사는 마블이 원저작물인 〈만화 배트맨〉에 대해 갖는 저작권과는 별개로 〈레고 배트맨〉에 대해 저작권을 가지고 있다는 것을 확인해 주었다.

〈광화문 입체 퍼즐〉 사건[19]

A회사는 광화문 등의 건축물에 대한 평면 설계도를 우드락에 구현하여 칼이나 풀을 사용하지 않고 뜯어 접거나 꽂는 등의 방법으로 조립할 수 있는 입체 퍼즐을 제조·판매하고 있는데, A회사의 직원이었던 B 등은 A회사를 퇴사한 후 회사를 설립하여 A회사와 동일한 입체 퍼즐을 제조하여 판매하고 있는 사안

 A회사의 주장

A회사의 입체 퍼즐의 전체적인 외형은 창작성이 있고, B 등의 입체 퍼즐은 A회사의 입체 퍼즐과 실질적으로 유사하므로, B 등은 A회사의 저작권을 침해하였다.

---

19) 서울고등법원 2016. 5. 12. 선고 2015나2015274 판결

A회사의 광화문 모형은 그 시대의 건축 양식이 반영된 역사적 건조물을 우드락 퍼즐의 조립이라는 방식으로 최대한 실제와 유사하도록 구현한 것이므로, 최종 입체물은 누가 하더라도 같거나 비슷할 수밖에 없다. 그러므로 저작물 작성자의 창조적 개성이 드러났다고 보기 어렵고, A회사의 퍼즐 모형과 B 등의 퍼즐 모형 사이에는 실질적 유사성이 없다.

 법원의 판단

1) 1심 법원

저작권법 제4조 제1항 제8호에서 들고 있는 도형저작물은 예술성의 표현보다는 기능이나 실용적인 사상의 표현을 주된 목적으로 하는 이른바 기능적 저작물로서 그 표현하고자 하는 기능 또는 실용적인 사상이 속하는 분야에서의 일반적인 표현방법, 규격 또는 그 용도나 기능 자체, 저작물 이용자의 이해의 편의성 등에 의하여 그 표현이 제한되는 경우가 많으므로, 작성자의 창조적 개성이 드러나지 아니할 가능성이 크지만, 기능적 저작물도 저작권법의 보호 대상이 되기 위해서는 작성자의 창조적 개성이 나타나 있어야 한다.[20]

동일한 대상을 표현하는 전개도와 같은 기능적 저작물에 대하여 저작권법은 그 기능적 저작물이 담고 있는 아이디어나 사상을 보호하는 것이 아니라 그 기능적 저작물의 창작성 있는 표현을 보호하는 것이므로, 설령 동일한 목적물을 표현하는 전개도가 작성자에 따라 정확하게 똑같지 아니하고 다소간의 차이가 있을 수 있다고 하더라도 그러한 사정만으로 기능적 저작물의 창작성을 인정할 수는 없고 작성자의 창조적 개성이 드러나 있는지 여부를 판단하여야 할 것이다.

A회사와 B 등의 입체 퍼즐은 기능적 저작물에 해당하고, 서로 간에 비슷한 부분은 똑같거나 같은 시대의 비슷한

---

20) 대법원 2005. 1. 27. 선고 2002도965 판결 등

건축 양식이 반영된 역사적 건축물을 우드락 퍼즐의 조립이라는 방식적 한계 속에서 최대한 실제와 유사하도록 구현한 것이므로, 그 기능적 저작물의 최종 입체물은 누가 하더라도 같거나 비슷할 수밖에 없어 저작물 작성자의 창조적 개성이 나타나 있다고 할 수 없고, 각 입체 퍼즐 간에 드러나는 다소간의 차이는 저작권법에서 보호 대상으로 하고 있는 표현이라기보다는 아이디어 또는 보호받지 못하는 표현에 해당한다.

따라서 A회사의 입체 퍼즐은 저작권법의 보호 대상이라고 할 수 없고, 이러한 사정은 설령 입체 퍼즐의 전개도를 제작함에 있어서 상당한 정도의 시간과 노력이 들어갔다고 하여 달리 볼 것은 아니다.

한편, A회사의 입체 퍼즐이 창작성이 있다고 하더라도, 그것이 B 등의 것과 실질적으로 비슷하다고 보기도 어렵다. 따라서 B 등은 A회사의 저작권을 침해하였다고 할 수 없다.

2) 2심 법원

실제 존재하는 역사적 건축물을 축소한 모형의 창작성이 문제되는 경우에 있어 건축물을 단순히 축소한 것이거나 변형의 정도가 아주 적은 경우에는 저작물 작성자의 창조적 개성이 드러났다고 보기 어렵지만, 역사적 건축물을 축소하는데 그치지 않고 이를 넘어서서 상당한 수준의 변형이 수반되었다면 그 표현의 창작성을 인정할 수 있다.

A회사의 광화문 모형의 완성된 외관은 성벽과 지붕의 비율, 지붕의 가운데를 접어서 입체감을 표현, 정면 및 측면에서 본 지붕의 경사, 지붕의 색깔, 처마 밑의 구조물의 생략 및 2층 창문의 단순화 등 실제 광화문을 축소하는데 그치지 않고 이를 넘어서서 상당한 수준의 변형이 있으므로 그 표현의 창작성이 인정된다(즉, 2차적저작물로서 인정됨).

이러한 A회사의 광화문의 완성된 외곽에서 나타나는 창작적 표현이 B 등의 숭례문 모형에서도 그대로 드러나 있으므로, 양 저작물은 실질적으로 비슷하다고 할 수 있다.

따라서 B 등이 숭례문 모형의 입체 퍼즐을 판매하는 것은 A회사의 광화문 입체 퍼즐에 관한 복제권 또는 2차적저작물작성권 등 저작재산권을 침해하는 행위에 해당한다.

평 석

이 사건의 2심 판례는 어떤 제품이 아무리 역사적 건조물과 비슷한 모양의 디자인을 하고 있고, 그것이 기능적 저작물에 해당한다고 하더라도, 함부로 그 저작물성을 부인해서는 안 되고, 그 표현에 창작성이 있는지 여부를 심도 있게 검토해서 그 창작성 여부에 따라 저작물성 인정 여부를 판단해야만 한다는 것을 보여 주었다는 점에서 의미가 큰 판례이다.

PART

07

캐릭터를 보호하는
또 다른 법률

1
개 요

지금까지는 캐릭터가 저작권법에 의해 어떻게 보호를 받을 수 있는지에 관해 살펴보았다. 그러나 캐릭터는 저작권법 이외에도 상표법과 부정경쟁방지법에 의해서도 그 보호가 가능하다. 물론 디자인보호법에 의해서도 보호를 받을 수 있다. 그런데 캐릭터의 경우는 저작권법적으로 쉽게 보호가 가능하기 때문에 일반적으로 캐릭터를 디자인으로 등록해서 보호를 받는 경우는 많지 않은 것으로 보인다.

그래서 여기서는 캐릭터의 상표법적인 보호와 부정경쟁방지법에 의한 보호에 관해서만 간단하게 살펴보도록 하겠다.

2

상표법에 의한
보호

먼저 상표법적인 보호는 저작권법에 의해 보호받을 수 없는 캐릭터의 명칭이나 제목을 상표로서 보호받을 수 있다는 장점이 있다.

그러나 상표 등록 출원 시 지정 상품을 특정해야 하기 때문에 특정된 지정 상품에 대해서만 보호를 받을 수 있고, 상표 등록된 타인의 캐릭터 상표를 사용하더라도, 그것이 상표적 사용에 해당하지 않는 경우(디자인적 사용 또는 제품에 관한 설명문구 등)에는 상표권 침해에 해당하지 않게 된다는 한계가 있다.

3

부정경쟁방지법에 의한
보호

부정경쟁방지법에 의해서도 저작권법에 의해 보호받을 수 없는 캐릭터의 명칭이나 제목을 상품의 표지로서 보호받을 수 있고, 상표 등록 여부와는 상관없이 상품의 표지로서 보호받을 수 있는 장점이 있다.

그러나 부정경쟁방지법에 의해 보호받기 위해서는 캐릭터 자체가 국내에 널리 알려져 있는 것만으로는 부족하고, 캐릭터에 대한 상품의 표지가 국내에 널리 인식되어 있어야 한다는 까다로운 조건이 달려 있다. 더욱이 최근에는 캐릭터의 상품화가 광범위하게 이루어지고 있기 때문에 그것이 특정한 상품의 표지로서 국내에 널리 인식되는 것이 쉽지 않다는 문제점이 있다.